JN273988

障害者自立支援法
さいたま市独自の負担軽減施策実現への取り組み

私たちがつかんだ宝物

「さいたま市っていいね」って言われたい・・・

編 者
さいたま市障害者協議会
さいたま市障がい者施設連絡会
さいたま市請願署名行動推進委員会

はじめに

　この冊子は「さいたま市っていいね」って言われたい……を合言葉に，さいたま市障害者協議会（19団体）とさいたま市障がい者施設連絡会（67団体）の2つの会が中心になって，多くの市民と共に学習し，運動して，さいたま市独自の負担軽減施策を実現させた1年間の記録です．

　障害者のサービス利用料／負担の半額を助成／さいたま市来年1月から／低所得世帯が対象／との見出しで，2006（平成18）年12月2日付け埼玉新聞が1面トップで報道しました．

　市独自の軽減策は，①　在宅サービスや通所施設の利用料の負担の半額助成／②　障害児施設の利用料負担の半額助成／③　市内15か所の通所施設の経営安定化助成／の3点．助成期間は，障害者自立支援法の見直しが予定されている2008年度まで．

　①は市民税非課税世帯（単身世帯で障害者基礎年金以外の給与所得がおおむね年125万円以下など）／②は児童福祉手当受給世帯（4人家族で給与所得がおおむね年582万円以下など）／③は2006（平成18）年3月時点と比較して減収分の半額を助成するというものです．

この報道の2日前，11月30日の埼玉新聞は，やはり1面トップで，「負担増」障害者の8割／3割がサービス利用減／「生活できない」の声も／親からの自立，不可能／暮らしに影，将来に不安／との見出しでさいたま市が行った障害者自立支援法の調査結果を報道しています．

　この調査は，9月末から10月上旬にかけて，私たちの会であるさいたま市障害者協議会を通して実施．市内の障害者293人が郵送で回答を寄せたものです．この調査結果は，11月15日に開催された首都圏の知事と政令市長による「8都県市首脳会議」（8都県市サミット）の席上，さいたま市の相川市長から報告されたものです．

　この調査では，1割負担が導入された2006（平成18）年4月以降，利用者負担が「かなり増えた」と答えた人が61.1％と6割を超え，「多少増えた」19.8％と合わせて8割の人が負担増に．家計への影響があると答えた人も約8割にのぼりました．この調査結果は，国会でも取り上げられ，注目を集めました．

　また，この8都県市サミットでは，「障害者の生活の実態に合った，適切なサービス利用ができる仕組みの検討」や「障害者の生活の安定のため，就労支援と所得確保の方策の検討」のため，早期に共同で調査・研究を開始していこうとさいたま市長が提案し，合意されました．その調査・研究を，推進していくための事務局もさいたま市に置かれ，そのための職員も配置されて，すでに8都県市共同での検討が始まっています．

　政府も障害者自立支援法の施行で福祉サービスが原則1割の利用料負担になり，障害者の利用控えなどが起きている問題で，負担軽減などのため，2008年度までの3年間で1,200億円の「特別対策」を打ち出さざるを得なくなりました．

　また，国政では2007（平成19）年7月に行われた参議院議員選挙の結果，参議院で野党が多数を占めたことから，これからは私たちの運動いかんで，障がい者やその家族に厳しい負担を強いている定率1割の「応益負担」撤回の可能性が広がってきています．現にこの秋の臨時国会に，利用者の1割負担を凍結して，所得に応じた負担とする障害者自立支援法改正案の提案が予定されているとの報道もされています．

　このような私たち障がい者・家族，関係者の運動が，市政をはじめ国政をも動かす大きな力になったのではないかと自負しております．

　2005（平成17）年10月，多くの反対者を押し切り成立した障害者自立支援法．その内容を学習すればするほど，このままではいけない，皆で力を合わせて何とかしなくては，という思いを1つにより合わせたのが，さいたま市議会に向けた請願署名活動でした．2006（平成18）年6月22日，第3回障害者自立支援法学習フォーラムで提起し，第4回の「フォーラム」が開催された8月21日ま

での2か月間に42,029筆の署名が集約されました．

そして11月30日に市議会に提出した最終の署名数はなんと77,019筆に上りました．当初3万筆を目標にした請願署名でしたが，その目標の2倍半をも超えました．

この署名運動の反響はひじょうに大きなものでした．9月と12月市議会は障害者自立支援法議会と言われるほど，多くの会派が障害者自立支援法を質問で取り上げ，「激変緩和施策を」と市長に迫りました．傍聴席も満杯，急遽議会事務局が用意した別室やロビーも障がい者やその家族，関係者であふれていました．

この「さいたま市議会に向けての請願署名活動」や，5回に及ぶ「障害者自立支援法学習フォーラム」については，別項で詳しく報告しておりますが，このような私たちの2つの会が中心になって行ってきた運動が，激変緩和措置や3年後の見直しに向けての調査・研究，法案凍結などの動きを創り出す上で，大きな役割を果たしたのではないでしょうか．

私たちはこれからも，市に対して，引き続き障がいのある人の生活実態を踏まえて適切に対応を進めてほしいこと．また，さいたま市がリーダーシップを取り，障害者自立支援法による影響を把握し，法の問題点を明らかにし，法の改善に向けて，国や全国の自治体に働きかけていくことを強く要望していこうと思っております．

障害者自立支援法による影響は，2006（平成18）年10月の完全施行を経て，広範囲かつ多岐に及んできています．

私たちの願いは，すべての障がい者のある人たちの地域生活の安心と安定が確保されることです．私たちさいたま市障害者協議会とさいたま市障がい者施設連絡会の2つの会は，今後とも手を取り合って多くの市民と共に，障害者自立支援法の大幅の見直しのためにがんばっていく覚悟です．

望月　武（さいたま市障害者協議会）

目次

目次

はじめに	1
I　私たちがつかんだ宝物	7
市内に広がる共感の輪・つながる力	
はじめに	8
1．障害者自立支援法学習フォーラムで障がいのある人，家族の実態・思いを共有	9
1）最初の一歩〜第1回障害者自立支援法学習フォーラム	9
2．請願署名活動の取り組みを決定	9
1）行動提起〜請願署名活動を始める	9
2）請願署名を進める中で	11
3）市民に理解を求める，大宮駅，浦和駅に立つ	11
4）マスコミの後押し	12
3．さいたま市の市民代表，議員に理解を求める	13
1）議員に直接声を届ける	13
2）調査を実施し，実態を伝える	14
4．さいたま市議会9月議会に向けて	14
1）署名の積み上げ	14
2）議長へ請願書を提出	15
3）9月11日，12日　さいたま市議会代表質問の傍聴	16
5．さいたま市が動いた	18
1）もっともっと声を届けなくては	18
2）11月15日8都県市サミット	19
3）12月1日，相川市長が激変緩和策を発表	19
6．私たちが手にしたものは	20
1）つながること	20
2）声を上げること	21
3）伝えること	21
4）さいたま市議会の大切さ	21
5）全国の人たちに勇気を	21
おわりに	22

目次

II 障害者自立支援法学習フォーラム取り組み ……………………… 23
　　　学び合い　話し合い　確かめ合ってきたこと
　はじめに …………………………………………………………………………… 24
　1．障害者自立支援法，ここが不安，ここが問題 ……………………………… 24
　　〔第1回学習フォーラム　2005（平成17）年12月19日開催〕
　　1）わからない！　どうなるの！　不安がいっぱい！ ……………………… 24
　　2）私の暮らしは守られるのか ………………………………………………… 25
　　3）必死に聞いた斎藤なな子さんの話 ………………………………………… 25
　2．障害者自立支援法　見えてきた本当のカタチ ……………………………… 26
　　〔第2回学習フォーラム，2006（平成18）年3月6日開催〕
　　1）自立支援法4月施行を目前にさまざまな混乱 …………………………… 26
　　2）切実さを増した当事者の声 ………………………………………………… 27
　　3）自立支援法の本当のカタチに大きなため息 ……………………………… 27
　　4）どうなる，どうする，さいたま市のこれから …………………………… 28
　　5）矢継ぎ早に出された質問・意見 …………………………………………… 29
　3．とうとう始まった障害者自立支援法　その改善と活用を考える ………… 29
　　〔第3回学習フォーラム　2006（平成18）年6月22日開催〕
　　1）障害のある人の命を削る自立支援法の姿，その改善に向けて ………… 30
　　2）障害者自立支援法施行　私たちに起こっていること …………………… 30
　　3）10月から本格施行に向けて　国や市の動きと私たちが備えておくこと … 31
　　4）新しい程度区分ってどんなもの　認定調査と支給決定を学ぶ ………… 31
　　5）請願署名活動のスタート　アピールの採択 ……………………………… 31
　4．「さいたま市っていいね」と言われたい～私たちの取り組み，はじめの一歩 … 32
　　〔第4回学習フォーラム　2006（平成18）年8月21日〕
　　1）各地で広がる負担軽減策　自立支援法の問題に政権与党も問題提起 … 32
　　2）10月からの本格施行を前に ………………………………………………… 32
　　3）請願署名活動の中間報告と課題提起 ……………………………………… 33
　　4）リレートーク　私たちの声を響かせ，届けよう ………………………… 33
　5．私たちがつかんだ宝物　市内に広がる共感の輪・つながる力 …………… 34
　　〔第5回学習フォーラム2006（平成18）年11月23日開催〕
　　1）私たちの取り組み　請願署名活動の中間報告と今後の課題 …………… 35
　　2）あなたの不安・心配・疑問に答えます …………………………………… 36
　　3）今だから大事なこと　創り合うこと ……………………………………… 36
　　　　障害者自立支援法に負けないあきらめない
　　4）私たちの権利宣言 …………………………………………………………… 36
　おわりに …………………………………………………………………………… 37

目次

Ⅲ　私たちにとっての請願署名活動 ……………………………………… 39
　　座談会　つながることの大切さ………………………………………… 40
　　スタートは「自立支援法」の勉強会 …………………………………… 41
　　請願署名へのきっかけ …………………………………………………… 41
　　やったことのない人のがんばり ………………………………………… 42
　　みんなが手を携えること ………………………………………………… 45
　　市民との対話が生んだ77,019筆 ………………………………………… 43
　　請願運動で得たこと ……………………………………………………… 47
　　私たちの思い・願い ……………………………………………………… 48
　　さいたま市議会請願署名の事務局に参加して ………………………… 49

Ⅳ　明日に向かって ……………………………………………………… 51
　　座談会　始めの一歩 ……………………………………………………… 52
　　　　　　市民の共感を得る
　　重度障がいの娘を連れて市議会宅に …………………………………… 52
　　娘のありのままを見てもらって ………………………………………… 52
　　運動の中で一気に世界が広がった ……………………………………… 53
　　同じ気持ちになってもらうことのたいへんさ ………………………… 54
　　わーっとやった後の虚脱感が…… ……………………………………… 54
　　市議会議員の1人として見ると ………………………………………… 55
　　運動の中で成長していった仲間に感動 ………………………………… 55
　　運動の写真を見るとみんなが笑っている ……………………………… 57
　　じわじわと生活を締めつけてくる自立支援法 ………………………… 58
　　娘の1か月1度の外出の楽しみが奪われる …………………………… 58
　　情報を知らない人たちがいっぱいいるんだ …………………………… 59
　　市民に向けた理解を得る運動の継続を ………………………………… 59
　　一部の人々を締め出す社会は弱くもろい ……………………………… 60
　　学び，考え，一歩一歩やっていく ……………………………………… 61

資料編 …………………………………………………………………………… 63

おわりに ………………………………………………………………………… 96

I 私たちがつかんだ宝物
市内に広がる共感の輪・つながる力

はじめに

　2005（平成17）年10月31日，「障害者自立支援法」（以下自立支援法）が全国の障がいのある人や家族，関係者が固唾を呑んで見守る中で，強行採決ともいえる形で成立しました．

　自立支援法について検討されてきた社会保障審議会障害者部会での協議，国会での審議に関係者は耳を傾け，「私たちのことを私たち抜きに決めないでください」という障がいのある人の切実な訴えが全国各地で大きくなる中での国会での採決でした．

　そして，この日は，さいたま市で暮らし，働く私たちにとって，新たな出発の日でもありました．障害者福祉の仕組みを大きく作り変えようとする自立支援法，どこが，どのように変わっていくのか，変わることによって自分たちの暮らしにどのような影響を及ぼすのか，さいたま市内でもたくさんの不安の声が上がっていました．また，急激な変化のために情報格差が広がり，知らないことによる不利益を被る人を出したくない，そんな思いが広がっていったのです．そうした思いが寄り合わされて最初の一歩を踏み出すことになりました．

　最初の一歩は，2005（平成17）年12月19日彩の国すこやかプラザセミナーホールでの「障害者自立支援法学習フォーラム」でした．そして，さいたま市障害者協議会（以下，障害者協議会）とさいたま市障がい者施設連絡会（以下，施設連絡会）の共同の取り組みのスタートとなったのです．

　2001（平成13）年に大宮市，浦和市，与野市が合併してさいたま市が誕生．そして，2003（平成15）年に政令市に，2005（平成17）年に岩槻市が加わり10区となり，人口約119万人の大きな市となりました．

　さいたま市障害者協議会は，2003（平成15）年に発足し，19の団体によって構成されています．障がいや疾病のある人や家族といった当事者による会で構成されています．さいたま市障がい者施設連絡会も2004（平成16）年に発足し，3障がい70施設が加盟しています．

　この2つの会が，障害者自立支援法が成立し，施行されていく過程で展開してきた共同作業の道程をたどりながら，私たちが手にしたものを改めて確認していきたいと思います．

Ⅰ　私たちがつかんだ宝物

1．障害者自立支援法学習フォーラムで障がいのある人，家族の実態・思いを共有

1）最初の一歩～第1回障害者自立支援法学習フォーラム

　障害者自立支援フォーラムは次章で詳細に述べるので，ここでは第1回から第5回まで開催されたフォーラムのテーマを記述するだけに止めます．私たちの取り組みはこの学習フォーラムを重ねてきたところに大きな特徴があります．刻々と変化する情勢を共有すること，そして，自立支援法が自分たちの生活にとってどのような影響を及ぼしているのか，毎回のフォーラムで共有し，学び合ってきた中で，醸成されてきた取り組みだったのです．1人1人が自分の問題として捉え，このままではいけない，行動しなくてはという思いがより合わさっての取り組みでした．

　第1回〔2005（平成17）年12月19日〕
　　障害者自立支援法，ここが不安，ここが問題
　第2回〔2006（平成18）年3月6日〕
　　障害者自立支援法　見えてきた本当のカタチ
　第3回〔2006（平成18）年6月22日〕
　　とうとう始まった障害者自立支援法　その改善と活用を考える
　第4回〔2006（平成18）年8月21日〕
　　「さいたま市っていいね」って言われたい　私たちの取り組み，始めの一歩
　第5回〔2006（平成18）年11月23日〕
　　私たちがつかんだ宝物　市内に広がる共感の輪・つながる力

2．請願署名活動の取り組みを決定

1）行動提起～請願署名活動を始める

　第3回フォーラムで，「私たちのこれからの取り組み」として，さいたま市議会への請願署名活動を始めることを提起し，請願署名活動に取り組むための6つの原則を確認しました．
　請願項目は，「障害者自立支援法による障害福祉サービス・障害者自立支援医療・補装具にかかる利用者負担について，さいたま市独自の負担軽減策を講じてください」という1点に絞り込み，請願署名の目標数は30,000筆以上とし，

9月議会開会前に提出することとしました．
　6つの原則とは，
　①　自立支援法に対する評価はさまざまだが，目の前で起きている障がいのある人の不利益の実態（施設から退所する人，ホームヘルパーの時間を減らす人）をもとに市独自の負担軽減策を求めていく，この1点で一致して取り組むこと．
　②　障がい分野を向上させていく立場は個々の政治信条を超えたもので，市議会のすべての会派の人の理解を得ることを大切にし，すべての会派から紹介議員を出していただき，請願の採択を得られるようにしていくこと．
　③　さいたま市の施策全体の中で障がい分野の位置が高められるように「後押し」するための行動にしていくこと．
　④　請願署名活動に市内の障がい当事者・関係者が幅広く参加できるようにしていくこと．団体のリーダーや一部の役員だけが動くのではなく，会員1人1人が請願署名を集めることのできる動きを作っていくこと．
　⑤　請願署名活動を通して，より多くの市民との対話を進め，障がいのある人たちへの理解や共感が得られるようにすること．市民のみなさんへの理解の浸透と深まりが，署名の「数」を超えた今後の大きな力としていけるようにすること．
　⑥　請願署名行動に取り組むことにより，障がいのある人や家族，関係者が現状を決してあきらめないで，願いや要求を実現していく力，みんなでまとまっていく力をつけていくこと．市議会への請願は市民の大切な権利の1つである．
　そして，請願署名活動の推進態勢は，行動推進委員会を障害者協議会，施設連絡会の役員によって組織することとし，実際には学習フォーラムの実行委員会がその役割を並行して担っていくこととしました．そして障害者協議会の望月武会長，施設連絡会の宮野茂樹会長も時間の許す限り参画し，推進委員会は進められていきました．事務局長は斎藤なを子（施設連絡会事務局長）さんが担い，事務局は推進委員会との調整を図りながら具体的な実務を担い，さまざまな連絡や署名の集約などを行うこととし，きょうされんさいたま市ブロックのみなさんの協力を得ることとしました．印刷費や通信費等々の経費については，署名と同時に募金を募るとともに，学習フォーラムの繰越金も充当することとしました．
　これらの内容を第3回フォーラムで確認し，その日から署名活動がさいたま市全域でスタートすることになったのです．署名用紙は，だれでもが集めやすいように1枚5筆としました．そして，障がいについて知らない市民にも内容が伝わるように，イラスト入りで自立支援法やその影響が伝わるように工夫しました．イラストは施設連絡会の会員施設である食事サービスセンターエンジュ

Ⅰ　私たちがつかんだ宝物

（精神障害者通所授産施設）の香野恵美子さんの協力を得ました．また，「さいたま市っていいね」って言われたいをキャッチコピーとして，障害のある人や家族の顔写真とメッセージを入れました．市民に身近に感じてもらえるための工夫の1つでした．まさに手づくりの署名用紙は1万枚用意したのですが，あっという間に関係者の手に渡り，増し刷りを重ねることになりました．（**資料1**）

2) 請願署名を進める中で

9月議会の開会前に，署名を添えて請願を提出することは，日程的にも厳しいものがありました．すべてが初体験という人が多い中，推進委員会はたびたび開かれ，さまざまなことが協議されていきました．市議会に請願を提出するには，紹介議員が必要になります．前に掲げた原則にあるように，私たちは政治信条を超えて，すべての会派の方々に紹介議員をお願いしたいと考えていました．

推進委員会の多くのメンバーが，請願を提出すること，署名を集めることは初めての経験でした．学習フォーラムなどでの発言や目の前にいる人たちの現実の厳しさを少しでも軽減したいという思いで考えた請願書でしたが，各会派の議員の方々にお願いに回る中で，いくつかのご意見をいただきました．こうした取り組みを行う際には，やり方があって，どこの会派から回るかが大事だし，請願書の文言についても相談してもらうとよかったのだが……と言われることもありました．私たちは政治家ではないし，障がいのある人たちの実態や必要性を訴える際にそうしたやり方があることもよくわかっていませんでした．ただ，施設に通えなくなる人や必要な支援を減らさざるを得ない人たちを何とかしなくてはいけない，そのためには自立支援法の見直しまで待っていられない，という切羽詰った思いだったのです．

3) 市民に理解を求める，大宮駅，浦和駅に立つ

6月22日のフォーラムで署名活動への取り組みを決定するのを待ちかねていたように，障害者協議会に所属する19の団体，施設連絡会の67の施設，それらの関係者がいっせいに動き出したのです．障がいのある人たち自身が，自分の行きつけのお店や通りがかりの市民に声をかけ，署名のお願いをしているという報告が寄せられたり，署名用紙が足りない！早く用意して欲しい，という声も上がりました．

7月23日（日）に事務局が中心になって第1次請願署名・募金活動の署名集約日を設けました．署名活動を開始して約1か月で13,018筆，348,383円の募

金が集まったのです．3万筆集まるのだろうかと不安を持ちつつスタートしただけに，1か月で1万筆を越える署名が集まったことで，さらに署名活動に勢いがつきました．みんながんばっている，私だけではないんだ，自分たちでも何かやれるかもしれない，という気持ちが多くの人の胸に湧き上がってきたのでしょう．

そして，7月30日（日），気温30度という炎天下，朝の10時から午後3時まで，大宮駅西口での街頭署名活動が行われました．暑い中，サンドイッチマンのように看板を掲げ，道行く人たちに署名のお願いをする人．マイクを握り，道行く人に自立支援法の問題を訴える人，通りかかる人に署名をお願いする人，自立支援法とその影響について説明したビラを配る人，カンパ箱を首から提げて，カンパのお願いをする人，施設で申し合わせて浴衣や甚平で署名のお願いをするグループ，黄色の物を身につけてきましょうと声をかけ合って，黄色のTシャツ，黄色のハンカチ，ひまわりの花等々，それぞれが工夫して取り組みました．障がいのある人や家族，施設の職員が休日返上で集まったのです．

道行く人たちの反応はさまざまでした．足早に立ち去った人も，大宮駅西口からいくつもの方向に署名のお願いをする人たちが並んでいるため，最初のほうは通り過ぎたものの，列の最後のほうで署名をしてくれる人も多く，これだけ多くの人が参加している署名活動は市民に訴えるものがあったのでしょう．奇抜な格好の若者たちも，声をかけると足を止めて話を聞いてくれたり，テレビでやっていたけど本当にたいへんなのね，がんばってくださいね，と励ましてくれる人もいました．

自分の名前もまだ書けないような小さな子どもも，お母さんに教えてもらって署名してくれたり，さいたま市民ではないけれどと署名してくれたり，市民とのさまざまな触れ合いを経験する機会となりました．

延べ225人が参加し，1,962筆の署名と，75,493円の募金が集まりました．車椅子で参加する人，長時間は無理だけどでも参加したくてと母親とともに障がいの重い人も参加しました．子どもを連れて参加している施設職員もおり，それぞれが少しでも参加したい，参加して市民に訴えたいという思いに溢れていました．

そして，8月10日にはJR浦和駅西口での駅頭署名活動を行いました．帰途に着く人たちに協力を得るために，夕方の5時から7時までの時間帯で行いました．短時間でしたが，150人以上の人が参加し，浦和駅前に長い列ができました．

I　私たちがつかんだ宝物

4）マスコミの後押し

　私たちの地道な取り組みは，テレビ局や新聞社の注目を集めることにもなりました．地元の埼玉新聞やテレビ埼玉が取材に来てくれて，私たちの取り組みの趣旨や関係者の思いを報道してくれました．フジテレビの「とくダネ」という報道番組でも自立支援法の影響を報道する一環で私たちの街頭署名の様子が紹介されました．第4回フォーラムはNHKの首都圏ネットワークという報道番組でも紹介され，さいたま市を超えて多くの人たちの注目を集める機会となりました．

　障がいのある人の問題は，今の日本ではまだまだ少数者の問題で，多くの市民がその実態や課題について知る機会は限られています．そういう中で，マスコミがさまざまな形で私たちの取り組みを紹介してくれることは，この署名活動のことだけではなく，障がいのある人の問題を地域の問題として考えていくために大きな意味がありました．

　こうしたマスコミの取材は，私たちの取り組みを大きく後押しすることになりました．本気で取り組んでいるんだな，この問題は本当に大切なことなのだな，と理解を広めるために大きな力となっていったのです．

3．さいたま市の市民の代表，議員に理解を求める

1）議員に直接声を届ける

　推進委員会を中心に2つの会の役員や会員が，さいたま市役所に隣接する議会棟の各会派の部屋を訪ね，自立支援法が障がいのある人や家族にどのような影響を及ぼしているのか，具体的な事例を上げて説明しながら，障がいのある人の生活にどのような支援が必要なのかについて説明して回りました．国会で障害者自立支援法を成立させた会派では，現実的な課題については理解を示しながらも，自立支援法の問題を認めることに慎重でした．私たちは，全国各地での取り組みなどを紹介しながら，さいたま市でも障がいのある人への不利益を少しでも薄めていくための支援策が必要であることを訴え続けました．

　8月中旬には，2つの会の障がいのある人や家族，施設職員などが，各区ごとに区から選出されている議員の自宅や事務所を訪ね，障がいのある人たちが生きることの現実の姿を伝えて回りました．何かをお願いするのではなく，障がいのある人や家族がどのような状態で日々の暮らしを送っているのか，その実態を伝えたいという思いからでした．さまざまな人が手分けをして，地元の

議員を訪ねました．いろいろな対応がありました．「みなさんの気持ちはわかるけど，物事の順番がね……」と，私たちの進め方が問題だと指摘する声も伺いました．また，「障がい者の問題は思想・信条を超えた問題だよね，超党派で取り組むことだと思うけれどね，でも会派としての判断があるのでね……」と苦しさを滲ませた声も伺いました．「請願ではなく，陳情でもいいのではないか．議会としたら同じことだ」という声もいただきました．

多忙な方も多く，直接お目にかかれない議員もいらっしゃるので，すべての会派の議員にそれぞれの思いを綴ったはがきを送りました．事務局でははがきと宛名を用意しましたが，はがき1枚1枚にはそれぞれの訴えたいことを書くことにしました．

議員に向けたこうした取り組みは，目の前のことだけではなく，さいたま市民として障がいのある人やその家族がどのような状態で暮らしているのか，障がいのある人にとっての自立支援法の影響を当事者自らが伝えていく取り組みでもあったのです．

2）調査を実施し，実態を伝える（資料3）

さいたま市障がい者施設連絡会では，自立支援法が障がいのある人やその家族にどのような影響を及ぼしているのか，数字でも表す必要があると考え，8月に緊急実態調査を実施しました．さいたま市内の民間で運営する通所の支援費施設，社会復帰施設，小規模授産施設の計13施設に協力を求め，10施設からの回答を得ました．その結果，利用料等の影響で退所した人は，身体・知的の利用者250名中7人となっていました．これ以外にも利用料の未払いの人が10人，通所日数を減らした人5人，退所を考えている人3人，数字に表れただけでも25人の人が影響を受けているという結果が出たのです．これ以外にも利用料負担がどのように変化したのか，施設への影響など，調査結果をまとめ，調査に基づく提言を行いました．これらの結果を議員，さいたま市の障害福祉課などに届け，影響の大きさを伝えていきました．

4．さいたま市議会9月議会に向けて

1）署名の積み上げ

図1に示されているように，2つの会がそれぞれに取り組んだ署名活動の積み上げ，街頭署名活動，その活動がマスコミなどに取り上げられた結果，8月21日に開かれた第4回学習フォーラムでは，第3次集約が行われましたが，当

日15,536筆の署名が寄せられ，私たちの当初の目標を大幅に上回る44,522筆の署名が集まったのです．請願署名活動を開始してわずか2か月のことです．

学習フォーラムでは，情勢報告や署名活動の取り組みの経過，9人の人たちによるリレートークが行われ，さいたま市議会から11人の議員の方々が出席し，代表して4人の方からメッセージをいただきました．

8月27日の第4次集約でなんと5万筆を超える署名が集まりました．推進委員会事務局は多忙を極めました．1枚1枚の署名用紙を確認しながら，1,000筆ずつの束にして綴じ紐でまとめ，段ボール箱が4箱にもなったのです．私たち1人1人，協力してくださった方たち1人1人の思いが詰まった段ボール箱はずっしりと重たいものでした．

そして，請願提出の直前に再び市議会議員のみなさんへ私たちの願いを伝えるために，はがきやお電話，お訪ねして理解を求める行動を行いました．今できることを精一杯取り組みたいという一念でした．

2）議長へ請願書を提出

そして，9月議会に向けて請願の提出の準備が進められていきました．請願には紹介議員が必要です．思想・信条を超えてすべての会派から紹介議員をお願いしたいという私たちの当初の願いは，残念ながら叶いませんでした．しかし，4つの会派と1人の無所属の議員の紹介で，8月30日さいたま市議会議長

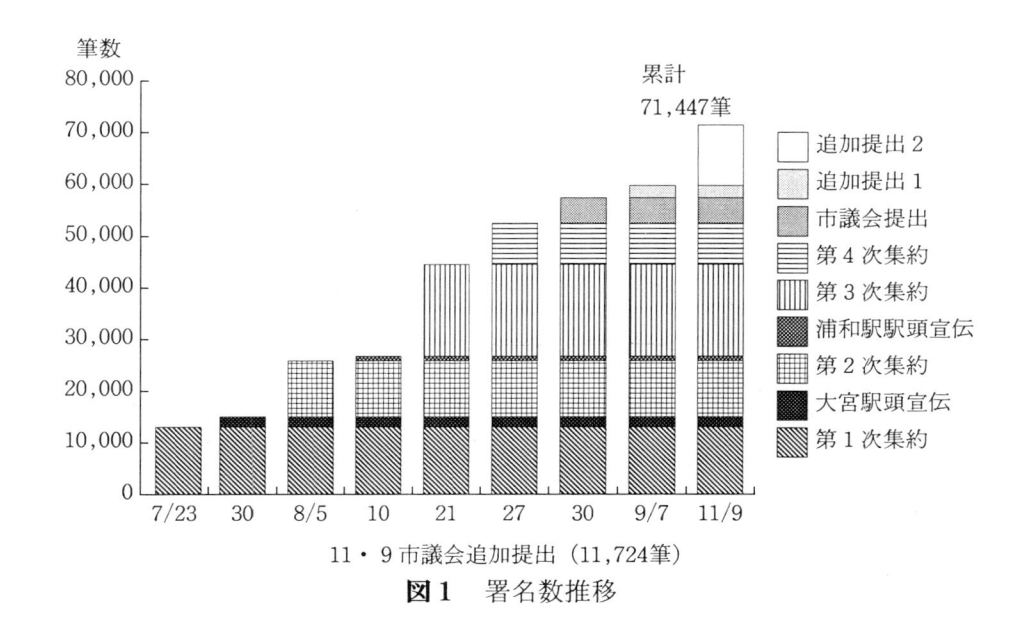

図1 署名数推移

室で，青木議長に障害者協議会の望月会長，施設連絡会の宮野会長により，57,377筆の署名を添えて請願書が手渡されました．57,377筆の署名は青木議長の前に置かれた机を埋め尽くしてしまいました．そして，テレビカメラが回り，新聞社の記者のカメラのフラッシュが次々とたかれました．

　提出した請願は，9月議会の閉会後，12月議会までの休会中に保健福祉委員会で検討されることになりました．

3）9月11日，12日　さいたま市議会代表質問の傍聴

　私たちの取り組みの成果でしょうか，さいたま市議会の代表質問では7会派中6会派が自立支援法についての質問を行うことになったのです．それぞれの議員がどのような質問をするのだろうか，それに対して相川市長はどのような答弁をするのだろうか，さいたま市は何らかの施策を提案するのだろうか，2つの会の関係者はこぞって傍聴に出かけました．傍聴席は84席しかなく，議場前のロビーや市役所1階のロビーのモニターで傍聴することになり，傍聴席は車椅子に対応していないため，車椅子の人は記者席で傍聴することになりました．電動車椅子の人は議場の備え付けの車椅子に乗り換えて，議会事務局の人の介助で記者席に移動しました．さいたま市議会始まって以来の多数の傍聴者でした．9月11日の午前中には約180人，午後約140人，12日の午前には約150人の人が傍聴に詰めかけました．

　代表質問に立った9名のうち，真取正典氏，今城容子氏，山崎章氏，平野祐

浦和駅前での街頭署名

道行く人に訴える辰村さん（右）
（辰村泰治の七十年の著者・やどかり出版）

次氏，高柳俊哉氏，岡真智子氏の6名が障害者自立支援法に関する内容を取り上げました．そして，さいたま市長は，障害者自立支援法について一定の評価をし，障害福祉サービスの利用者負担・施設への報酬などは全国統一的な基準であるべきで，地方自治体が単独で対応するものではないとしつつも，

「私は制度の急激な変更によって，サービスの利用を抑制したり，施設の運営が不安定になるようなことが生じては，法の趣旨が生かされないことになると考えています．このため，現在，法施行後の影響について状況把握に努めており，10月には法が完全施行となりますので，引き続き十分な把握を行い，その結果を踏まえ，適切な対応を検討してまいりたいと考えております」
と答弁したのでした．

こうした答弁に対し，傍聴に詰めかけた人たちの思いは複雑でした．多くの人たちはもう一歩踏み込んだ答弁を期待していました．残念だ，腹立たしいという思いを抱いた人たちも少なからずいました．傍聴した人たちの声を紹介しましょう（**資料2** さいたま市議会請願行動推進ニュースより）．

「市議会の議場の傍聴席には車椅子席が3席しか設けられていない上，急な階段しかないので傍聴するのが大変困難でした．障害者が政治に参加することを想定して議会が作られていないことを知り，これからはどんどん傍聴に来ないといけないなと思いました」
「モニター中継画面に手話通訳が写らないのは残念」
「今後も粘り強く訴え続けていかねばとつくづく思いました」

オープンスペース（事務局）の風景

57,377筆の署名をさいたま市議会議長に提出

「利用者側と運営側について具体的な事例を挙げて訴えていく必要があると思う」
「一刻も早い軽減策をとって頂けるよう切に願っています」
「がっかり．はっきりみなおしてほしいと思います．とてもきびしいせいかつになってこまっています」
「市民のために考えてほしいことは『調査中』の答えばかり．子育て支援，青少年育成，老人介護と障害者問題が分けられていましたが，障害者には子どもも青少年も老人もいます」
「もう少し私たち家族が安心できる答えがほしかった．親への負担をどれほど考えてくれているのかの返事がほしかった．このままでは年金暮らしの親にとっては息子の服も買ってやれない状態です」
「市としての発展（都市開発や観光）も大事かもしれませんが，市民が安心して暮らせる街づくりが最も優先されるべきなのではないかと思った」
「自立支援法施行にともなう急激な変化は認識しているとしながら具体的な対応はしめされず不満」
「もっと市独自の負担軽減策等についてのはっきりした意見が聞きたかった」
「『把握し検討していく』これがどの程度のものか関心を持って聞いた」
「一番気にかけている部分の答えが確認できず不安はそのまま残っている」
「多くの目が議員の後ろで見ているということが，少しでも刺激になれば良い」
「議員さんには仕事中は起きててほしかったです．市民の為にがんばってください」
「今日座りきれないほどの関係者が集まったことを市議に実感してほしい」
「多数傍聴人がいたのは効果的だったと思う．紹介議員になってくださった議員さんを力づけることができたのではないでしょうか」

　失望感を滲ませながらも，障がいのある人についてさいたま市議会で活発に審議されたことについて，さいたま市長や代表質問してくださった議員の方たちにお礼の手紙を送り，再度お願いをしたのでした．

5．さいたま市が動いた

1）もっともっと声を届けなくては

　2つの会は9月議会を受けて，議会に提出した請願についてそれぞれに議論しました．両会とも一致して，9月議会の答弁では私たちの求めているさいた

ま市の独自軽減施策が実現する見通しを得ることはできなかったとして，もう一歩署名の積み上げを行い，私たちの声を大きく響かせていく必要があると話し合いました．そして，さらに署名を積み上げることと，障害者協議会，障がい者施設連絡会の2団体と，市内90か所の各団体・施設の代表者の連署・押印によるさいたま市長宛の要望書（**資料4**）を提出しました．

そして，10月10日には再度浦和駅頭での街頭署名を行い，110名を超える参加者があり，短時間でしたが550筆の署名が集まりました．そして，署名の積み上げは着々と進み，10月28日には71,448筆と7万筆を越えたのです．3万筆に届くだろうかと不安な中で始まった署名活動でしたが，関係者の熱い思いと粘り強い取り組みで，多くの協力者を得ることになったのです．

この間全国レベルの団体が共同しての「出直してよ！ 障害者自立支援法10.31大フォーラム」が開催され，障害者自立支援法の見直しを迫りました．さいたま市のこの間の取り組みも推進委員の1人宮部さんが日比谷野外音楽堂で報告しました．全国の関係者の協力の輪が広がることになりました．

2）11月15日8都県市サミット

11月1日が市議会の保健福祉委員会の予定でしたが，急遽延期する動きがありました．この背景には，私たちの提出した市議会議長宛の請願署名や市長宛の要望書を踏まえて，12月市議会に向けて，何らかの具体的な検討に入っていることを意味していたようです．

そして，11月15日に開催された8都県市サミットでさいたま市長が「障害者自立支援法に関する調査・研究について」という提起を行ったのです．（**資料5**）8都県市サミットとは，埼玉県をはじめ，東京都，神奈川県，千葉県，さいたま市，横浜市，川崎市，千葉市が集まる会議です．この中で，厚生労働省の発表した調査結果について問題提起し，障害者自立支援法による利用料負担の重さに言及し，独自調査で把握した法による影響の大きさを指摘したのです．

そして，さいたま市においても実態調査（障害者協議会と施設連絡会も協力）の結果を踏まえて，激変緩和措置の検討を進めていることを明らかにしたのです．さらに，「3年後に予定されている国の見直しに際し，8都県市として障害者の生活実態に即した効果的な仕組みや運用について提案活動ができるように，早期に共同で調査・研究を開始していくこと」を提案したのです．また，「介護保険制度を基本に設定された利用者負担を，障害者の生活実態により即したものにすることが必要」と本質的な課題にも言及しました．

3）12月1日，相川市長が激変緩和策を発表

　埼玉新聞では，12月1日のさいたま市長の発表について次のように報道されました．

　「4月から施行された障害者自立支援法により，障害者に課せられたサービス利用料の負担を軽減するため，さいたま市は来年1月から負担の半額を助成する．低所得世帯が対象で，障害者手帳を持つ同市民約33,000人のうち障害者600人，障害児（18歳未満）130人ほどが助成を受ける見通し．関係経費約2,300万円を含む補正予算案を6日開会の12月市議会に提案する」

　12月1日の記者発表は2つの会の関係者に広がっていきました．そして，私たちの要望の一端が実現したということから，12月4日には「請願書」を取り下げ，新たに「陳情書」を提出することにしました．

　こうして，私たちの1年余りの取り組みは，1つの区切りを迎えることになりました．さいたま市の発表の直後に，自由民主党と公明党が，自立支援法の利用者負担軽減措置として，3年間1,200億円の予算を確保したとの報道があり，さいたま市の独自制度と国の制度を合わせて利用すると，利用料を大幅に軽減できる人も出てくることになります．

　しかし，さいたま市の激変緩和策も国の負担軽減施策も，3年間の期間限定であり，3年後（2008年）の見直し以降はどうなっていくのか，不安が消えたわけではありません．一時的にこの法による影響を薄めるということでしょう．また，私たちが望んだすべての施策が実現したわけではありませんし，さいたま市に暮らす障がいや疾病のある人たちの不安や負担はまだまだ山積みです．

　そういう意味では，私たちは今後も手を携えて，力を合わせて「安心して暮らせるさいたま市」の実現に向けて取り組んでいく必要があります．そして，自立支援法を改善していくための取り組みも必要なのだと思うのです．

6．私たちが手にしたものは

1）つながること

　この1年余りの取り組みの中で，さまざまな障がいや疾病があり，そのために必要な支援があることを互いに知り合うことになっていったように思います．外見上は障がいがあるとわからない場合にもそれぞれの生活上の困難があったり，体調を崩しやすかったり，疲れやすかったり，いっしょに活動を進める上でも補い合う関係が大切であることを学んできたのではないでしょうか．障が

I　私たちがつかんだ宝物

いや疾病のある人やその家族，施設で働く人たちのつながりが少しずつ強くなっていったようです．

そして，障害者協議会と障がい者施設連絡会が手を取り合って行動できたこと，このつながりを今後のさいたま市の障がい者施策をよりよいものにしていくためにも生かしていかなくてはなりません．

2）声を上げること

自立支援法は改善するべき点がある法律ですが，課題が大きかっただけに，このままではやっていかれないという切実な思いが，市民や市会議員に自分たちの現状を訴え，理解を求めなくてはいけないというエネルギーになっていったように思います．「お願いします」ということではなく，自分たちの権利を獲得していくという意味でも，重要な取り組みだったのではないでしょうか．

3）伝えること

だれでも障がいを得る可能性があるものの，障がい者の問題は少数者の問題というような意識を持つ人が多いのではないでしょうか．今回多くの障がいのある人や家族や関係者が駅頭に立って理解と協力を求めたこと，マスコミが積極的に報道してくれたことなどを通して，障がいのある人の存在や実態を多くの市民に知らせる機会となりました．

4）さいたま市議会の大切さ

多くの関係者は市議会を傍聴するのは初めてでした．しかし，障がい者施策だけではなく，市民に関係する多くの議案が審議されており，市議会でのさまざまな議論に注目することの大切さを実感しました．多くの関係者が市議会議員に理解を求めるために訪問し，私たちの代表である市議会議員にどのような人を送り出すのか，考える機会にもなりました．

5）全国の人たちに勇気を

さいたま市での私たちの取り組みは，全国の人たちからも注目を集めるところとなりました．がんばっているね，どうやってつながりを作っていったのか，粘り強く取り組むことが大事だね……さいたま市でがんばっているように自分の地域でもやってみたい！とさまざまな声が全国から寄せられています．さい

たま市の取り組みですが，私たちが力を合わせて進めてきたことが，全国の関係者にも勇気を与えていたのです．

おわりに

　1年にわたり2つの会が協力して取り組んできましたが，1つの節目を迎えています．

　今回，この間の動きを報告してきましたが，この力強い運動を下支えしてきた事務局の存在を忘れてはならないと思います．署名用紙の配布，集約，1筆1筆の署名を確認し，そこにこめられた多くの人の思いを受け止めてきました．多くの人が自分の職場での仕事を終えて駆けつけ，夜遅くまで作業を進めました．そして，2つの会の関係者にリアルタイムで進捗状況を伝え，次の予定を知らせ，関係者の声を共有する役割を果たしてきた推進ニュースの発行，街頭署名でも事務局の踏ん張りがありました．

　そして，それぞれの団体や施設で人から人へ理解の輪が広がり，さいたま市中で署名用紙が広がっていきました．だれか1人のがんばりではとうていできることではありません．目に見えないところでがんばってきた1人1人の存在があるのです．

　ただ，これですべてが終わったわけではありません．障がいのある人や家族が安心して，自分の思い描く暮らしを実現できること，「さいたま市っていいね」と言える地域になっていくことが重要です．

　しかし，さいたま市だけがよくなるのでは本当の解決にはなりません．この国が障がいのある人たちの権利を認め，障がいがあることによる不利益がなくなるようにするためには，私たちの取り組みは緒についたばかりです．

　　　　　　　　　　　　増田　一世（さいたま市障がい者施設連絡会幹事）

「さいたま市っていいね」って言われたい…

Ⅱ 障害者自立支援法学習フォーラム取り組み

学び合い　話し合い　確かめ合ってきたこと

はじめに

　私たちがさいたま市内で繰り広げてきた障害者自立支援法（以下自立支援法）の負担軽減を求めた請願署名活動の大きな特徴は，「障害者自立支援法学習フォーラム」を継続してきたことにあると思います．この法律の成立過程には十分な調査・研究や，納得いくまでの話し合いもなく拙速に進められてきました．障害のある人や家族，関係者の不安は高まっていました．自分の生活やこれまで利用してきた支援がこれまでどおり受けられるのか，だれに聞いたらわかるのか，混沌とした状況の中で過ごしていました．

　そういう中で，さいたま市障害者協議会から自立支援法についてわからないことが多過ぎる，情報を共有し，これからのことを考える上でも学習会を開きたい，という声が上がったのです．1章でも述べましたが，最初の一歩は2005（平成17）年12月19日のさいたま市障害者協議会の研修会に，さいたま市障がい者施設連絡会が協力することから始まりました．

　そして，11月23日の第5回障害者自立支援法学習フォーラム（以下学習フォーラム）まで，実行委員会を組織し，企画を練り，準備を進め，まさに手づくりで学習会を重ねてきました．この学習フォーラムで，激しく動く情勢を確認しつつ，そこで見えてきた課題を共有し，互いの思いを交換し合い，積み上げてきたことが，私たちの取り組みを力強いものにしてきたのだと思います．

　第1回から第5回までの学習フォーラムを，その時々の情勢の特徴を振り返りながら，何を学び合ってきたのか，振り返ってみることにしましょう．

1．障害者自立支援法，ここが不安，ここが問題〔第1回学習フォーラム，2005（平成17）年12月19日開催〕（参加者250人）

1）わからない！　どうなるの！　不安がいっぱい！

　当日の参加者は約250人，2005（平成17）年10月31日に自立支援法が国会で成立して1か月あまり，自立支援法の内容，この法で自分たちの生活はどのように変化するのか，実態が見えないまま，不安ばかりが大きくなっていった時期でした．2006（平成18）年4月には利用料の徴収が始まると言われているものの，具体的な内容はまったくわかりませんでした．さいたま市や埼玉県の説明会では，どうなっているのか，なんでこんなに早く進めるのか，という疑問や不安が渦巻いていました．十分な情報が得られないまま孤立していたり，手続きの困難さで不利益をこうむる人がいるのではないかとの心配がありました．

Ⅱ　障害者自立支援法学習フォーラム取り組み

実際に法律が成立したといっても，その具体的な内容は政省令に委ねられており，その政省令も示されてはいなかったのです．

2）私の暮らしは守られるのか

学習フォーラムの特徴は，毎回さまざまな立場（障がいのある人，家族，施設関係者など）の人の発言が組み込まれていることです．第1回フォーラムでは一志正厳さん（埼玉県筋ジストロフィー協会さいたま市支部），阿久津奉子さん（さいたま市手をつなぐ育成会），長根清平さん（さいたま市視覚障害者協会）の3人がそれぞれの現状や今後の不安について発表しました．

筋ジストロフィという進行する病気を持つ一志さんは，介護時間が減ってしまうと自立が困難になることや，利用者負担が実際にどのくらいかかるのか，移動介護や障害程度区分判定によって適正に判断されるのかといった不安を述べられました．そして，障がいの違いを乗り越え，よりよくしていきましょう，と締めくくられました．（一志さんは，2006年10月31日に自宅で倒れられ帰らぬ人となりました．進行する病気を見つめながらも，いつも穏やかな笑みを湛えていらした一志さんにともに取り組んできた結果を見届けていただけなかったことが残念でなりません）

一志　正厳さん

阿久津さんは，31歳の自閉症の息子さんの施設入所の実態を話されました．更生施設のため働いても賃金はなく，週末の帰省時には仕事着の洗濯が負担になっていること，障害程度区分認定調査によれば10％くらいの人しか，今の入所施設に該当しなくなること，経済的な負担も遺族年金で暮らす私には重い，これから親に何ができるのか，教えてほしいと語りました．

長根さんは，視覚障がい者にとって必要な移動支援について，関係する事業者との話し合いを持ち，視覚障がい者への対応に慣れている事業者は1社しかなかったことなどを報告され，視覚障がい者への障害程度区分の判定の問題などに言及されました．

3）必死に聞いた斎藤なを子さんの話

講師は斎藤なを子さん（鴻沼福祉会），8枚にもわたるレジュメと豊富な資

料が提供されました．斎藤さんの話を一言も聞きもらすまいと，参加者は耳を傾けました．斎藤さんは，自立支援法は障がい分野の新しい法律で，戦後のもっとも大きな改革と言われているが，その成立過程が拙速であったと説明しました．2004（平成16）年1月8日に障がい分野と介護保険の統合の方針が出され，10月には「改革のグランドデザイン（案）」が示され，自立支援法につながっていったこと，国会審議の中心は「応益負担」問題であったこと，人として生きること（お風呂やトイレ，歯を磨くなど）に対してお金を払う制度は「障がいがあるのはあなたの責任」と言っていることにつながること，また，支援を行う事業者への報酬を上げると障がいのある人の負担が増える仕組みは，利用者と事業者が手をつなぐことを阻むような論立てになっていると，この法の問題点を指摘したのです．

　この法のあらましについて説明が続き，障がいのある人の支援がどのように変わっていくのかを具体的に説明し，新たに導入される障害程度区分認定調査の仕組みと支給決定について話しました．そして，利用者負担額は具体的にどうなるかという話の中で会場の緊張感がピークに達していました．全体討論のところでは講師を務める斎藤さんに「この法律のどこが障害者自立支援になっているのか，一言でもいいから意見を聞きたい」という質問が投げかけられました．斎藤さんは「別の研修会でも少しでもプラス面を話してほしいと言われたが，言えなかった．それが答えです」そして，「今の段階では問題点をどれだけ薄められるか，引きこもってしまう人を地域に存在させないように手をつなぐことが必要．実態を見て訴えていくことが必要」と締めくくったのです．

　そして，さいたま市障害者協議会の浅輪田鶴子副会長は「行き場のない人が出ないように，家族が本当に困らないように，現実を打開するための要望をさいたま市に出さないといけない．この難局をみんなで考えていきたい」と発言し，全体でこれからの取り組みの大切さを確認し，閉会となりました．

2．障害者自立支援法　見えてきた本当のカタチ〔第2回学習フォーラム，2006（平成18）年3月6日開催〕

1）自立支援法4月施行を目前にさまざまな混乱

　この日は，厚生労働省で「介護保険制度の被保険者・受給者範囲に関する有識者会議」が始まった日です．もともと介護保険と障がい者福祉の統合を厚生労働省が打ち出したことから始まった自立支援法ですが，市町村長会や経済界の反対で統合は見送られました．しかし，3年後の見直しを視野に入れた会議がスタートしたわけです．

Ⅱ　障害者自立支援法学習フォーラム取り組み

そして，3月1日には全国障害保健福祉主管課長会議（以下，課長会議）で各事業ごとの報酬単価が示され，全国の障害関係の施設関係者は啞然としました．あまりにも報酬単価が低く，日割り制度の導入も含めて，施設運営の見通しがつかないといった悲鳴が各地から聞こえてきました．国会の答弁で繰り返し尾辻厚生労働大臣（当時）が語った「今の施設の水準は下げません」という言葉がまったくの空手形であったことが露呈したのでした．

また，4月1日施行を目指し，各自治体では説明会や必要な書類の準備や手続きに追われていました．4月から利用料負担の始まる支援費施設やその利用者・家族，施設関係者，各自治体の行政等々，あちこちで不安や焦りの声，準備が整わない中での手続きにはさまざまな不備もあり，怒りの声も上がっていました．4月から切り替わる自立支援医療の手続きも進まず，さいたま市では土曜日にも窓口対応をするなど，4月1日を目指して，どたばたとした動きが広がっていました．

2）切実さを増した当事者の声

第2回学習フォーラムの参加者は300名を超え，立ち見の人が出るほどでした．1部は当事者からの発言，2部は前回に引き続き斎藤なを子さんの情勢報告，第3部は「どうなる，どうする，さいたま市のこれから」と題したシンポジウムで構成されました．

第1部の当事者からの発言のトップバッターは，金野綾子さん（さいたま市肢体不自由児者父母の会連合会）でした．入所施設にいる金野さんの娘さんは障害年金2級と工賃収入しかないが，これまでは自分の収入で利用料を支払ってきたこと，しかし，本人のために貯めておいた預貯金があるために減免が受けられず，利用料負担が増えると預金を崩して支払うことになる，といった現状を訴えられました．

五十嵐良さん（そめや共同作業所）は，作業所に行くのに1割負担がかかるのでは仕事をしないほうがいいと思ったこともあったが，このままではいけないと思い，自立支援法の反対集会や運動に参加してきたと語り，弱者切り捨ての社会を痛烈に批判し，今まで以上に障がい者運動に力を入れていこう，力を合わせてがんばりましょうと会場に呼びかけました．

元気工房に通う田口友子さんは，カステラを作る工場で働いたときに，給料をたくさんもらってうれしかったこと，職場で仲良くなったおばさんとの交流や，そのおばさんが他の所で働くことになって辞めてしまったこと，今は，元気工房で働いているが，3級ヘルパーを取って働いて，お父さんに好きな物を買ってあげたいと話しました．

3）自立支援法の本当のカタチに大きなため息

　第2部の講師の斎藤さんは，4月1日の自立支援法施行を目指してのさまざまな動きを説明し，さいたま市での説明会の状況や，利用者負担が始まることで退所を決めた人がいるといった現状と，働く意欲をそがれてしまったり，誇りを傷つけられる負担であること，障がいのある人の家庭には幾重にも重なる困難があると語りました．そして，3月1日の課長会議で示された新事業体系について，各事業のポイントを説明しました．実際の報酬単価や利用料負担額，示された職員配置，新事業体系による入所施設の考え方，日割り制度導入による支援費施設の大幅減収の現実など，障がいのある人やその家族，支援する施設に大きな影響があることを伝え，まさに「自立支援法の本当のカタチ」を会場の人々と共有する時間となりました．会場からは大きなため息が聞こえてきました．

4）どうなる，どうする，さいたま市のこれから

　障害者協議会副会長の浅輪さんは，自立支援法だけではなく，日ごろの困り事も含めて会員にアンケートを行い，その結果に基づきさいたま市へ要望書を提出したことを報告しました．続いて，同協議会の佐復恵治さんが精神障害者家族会連絡会の立場で，自立支援医療の問題について発言されました．これまでの通院公費負担制度では5％だった負担が原則10％負担となること，毎年更新手続きをするための診断書料の負担が増したことなど，3障がい一元化への期待が大きく裏切られたと語り，他の障がいの方々とスクラムを組んでがんばっていきたいと結ばれました．
　そして，NPO法人ともに生きる会さんごじゅうごの杉浦真由美さんは，移動支援についてどのような影響が出ているか，について具体的に説明しました．自分たちは社会参加を謳っていたけれども，さまざまな制限が出てきており，利用者のニーズに添えない内容になっていたり，申請事務が煩雑になり，利用者負担が重くなること，事業所の存続も厳しい状況であると訴えたのです．
　心身障害者地域デイケア事業いーはとーぶの施設長の山口詩子さんは，精神障がい者の小規模作業所やデイケア施設などがどうなっていくのか，先行きの不透明さを訴えました．そして，社会福祉法人を取得し法定施設を始める準備を進めきて，食事代の負担もやっとなくなると思った矢先に，この法律で，法定施設の水準が下がっていることを実感していると語りました．
　そして，増田一世（やどかり情報館）は自立支援法によって各自治体に策定

が義務づけられた障害福祉計画は，市町村中心の方向性が示されながらも，実際には国の定めたレールが用意されていることなどに触れ，施設への移行計画の提出が求められていく予定なので，それぞれの現状を踏まえた検討を進める必要があることなどを説明しました．

5）矢継ぎ早に出された質問・意見

この第2回フォーラムでもっとも印象的だったのが，質疑応答・全体討議のコーナーで次々と質問や意見が出されたことでした．

- 自立支援医療の手続きを忘れていたらどうなるのか．
- 自立支援法は中身を見れば自立阻害法，これを自立支援法に近づけるにはみんなのエネルギーが必要．
- 障害程度区分認定調査の審査会に障がいのある人が委員として参加するのか．
- 認定調査項目に対する不安．
- 長時間の介護はどうなるのか，ガイドヘルプはどうなるのか．
- 2006（平成18）年4月から始まる有償移送サービスについて．
- 9月いっぱいで制度がなくなる精神障害者地域生活支援センターの行方．
- NPO法人は簡単に取れるのか．

まだまだ時間が足りない，言いたいこと，知りたいことがあるという雰囲気が残る中で閉会の時間を迎えることになりました．閉会にあたり，さいたま市障がい者施設連絡会の山本宏会長（当時）は，「この法律は，足に合わない靴を無理やりはかせるようなもの．障がいのある人がどのような暮らしをしたいのか，それを支える支援を考えなくてはならない．合わないところがあれば，市や国に声を上げていきましょう．情報共有から運動にシフトしていくことが必要だ」と力強く締めくくったのです．フロアからも「立ち上がらなくていいのか」という声が上がり，具体的な取り組みを始めなくてはならないという気運の盛り上がった第2回学習フォーラムとなったのでした．

3．とうとう始まった障害者自立支援法　その改善と活用を考える
〔第3回学習フォーラム　2006（平成18）年6月22日開催〕

自立支援法施行前から危惧されていたように，障がいのある人や家族に大きな影響が出ていることが，3か月もたたないうちに明らかになっていきました．各地で障がいのある人の親子心中事件が起こり，さいたま市民も山形県で心中

事件を起こすなど，施設の退所者，サービスの手控えが増えているだけではなく，障がいのある人やその家族の「いのち」が削られていくという危機感が広がっていきました．

また，精神障害者社会復帰施設や小規模通所授産施設などのいわゆる箱払いの施設の年度後半の補助金を25％カットするという国の方針が出され，その問題をめぐり国と各団体の交渉が行われていました．

1）障害のある人のいのちを削る自立支援法の姿，その改善に向けて

2006（平成18）年4月1日に自立支援法が施行されてから，初めての学習フォーラムでした．第1部では自立支援法によってどのような影響が出ているのか，それぞれの立場で4人の人が発言し，第2部では斎藤さんが今の最新の情勢と問題点を報告しました．そして，第3部は今回新たな試みとして，さいたま市コーディネーター連絡会議の協力を得て，障害程度区分認定調査の実際について，ロールプレイを交えて学ぶことになりました．

そして，障害者協議会と障がい者施設連絡会でさいたま市に向けた負担軽減施策を求める請願運動を始めるための問題提起をし，同時にアピール文を採択しました．この第3回フォーラムは自立支援法の影響の大きさを実感しながら，問題点を少しでも薄める努力を，力を合わせて取り組む決意を確認する，大きな転換点となったのです．

2）障害者自立支援法施行　私たちに起こっていること

埼玉県身障者問題を進める会の嶋谷伸一郎さんは，ヘルパーなどを利用しながら1人暮らしをしている実際を報告する中で，自立支援法で夢が持てなくなった人も多いが，市独自の減免措置を求めていくことも重要，障がい者間で理解し合って，憲法の下での人権を守られるように活動していきましょう，と会場に訴えました．

続いて，クモ膜下出血で失語症になったそめや共同作業所の土屋和美さんは，給料をもらう所に利用料を支払うことに納得できない，私にもプライドがあります，諦めて受け入れるのはおかしい，力を合わせて良い方向に持っていきましょう，がんばりましょう，と語ってくれました．そして，最後に本当はここで嫌な思いをしたことを話したくはなかったのだと付け加え，土屋さんの胸のうちの苦しさを滲ませました．

さいたま市手をつなぐ育成会の井丸敏子さんは，重度の知的障がいの息子さんとの生活の実態，入所施設の必要性について訴え，施設がつぶれたら困るけ

れど，親は経済的にも年齢的にも何もできない，世の中で障がいのある人を人間でないという見方をされていることが本当に辛い，こういう事態を変えていきたい，と語ってくださいました．

　知的障がい者の通所授産施設職員の日向聡さんは，支援費施設の現状を報告しました．利用料の関係で来られなくなった人が，昼夜逆転の生活になってしまったり，施設の運営にも大きな影響が出ていると話し，事務処理の煩雑さは職員にも利用者にも負担になっていること，行政にも混乱があること，運営面では800万円ほどの減収が見込まれる，という厳しい状況を訴えました．

　会場からも，自立支援法でアパートでの1人暮らしの夢が遠のく，3月まではゼロだった負担が4月から3万円に跳ね上がった，経済大国日本がなぜ障がい者施設をこれまでどおりに保持できないのか，やればできるはずだ，などという発言が続きました．会場の中では，自立支援法の影響を共有することで，改めてこの法の問題を実感し，今後の不安が増していくようでした．

3）10月からの本格施行に向けて　国や市の動きと私たちが備えておくこと

　斎藤さんのお話はわかりやすいと参加者からも好評で，今回もコンパクトに最新の情勢について報告されました．冒頭に自立支援法施行後起きていることの1つとして，各地であった心中事件に触れ，通所施設で退所者が増えていること，居宅サービス利用の手控えが起こっていることなどを報告しました．いわゆる箱払いの施設の25％補助金カット問題は，これからの国の考えを表す1つの動きで，軽視してはならない，と話されました．また，地域生活支援事業の今後についても問題提起され，国にとっては裁量的経費であり，財源が不安定であり，日常生活用具や補装具もその中に含まれるため，さいたま市の対応が重要になることなどを指摘されました．

4）新しい程度区分ってどんなもの　認定調査と支給決定を学ぶ

　さいたま市内の生活支援センター職員に協力を要請し，障がいのある人や家族に身近な制度でありながら，わかりにくい障害程度区分や認定調査の実際について学びました．スライドなどを活用しながら，認定調査についてはその実際を寸劇のようなスタイルで進めました．このコーナーはわかりやすいと好評で，時折笑い声も起こり，新しい仕組みでよくわからず不安になっていた人たちも，何を準備したらよいのか，心構えを作る機会となったようでした．

5）請願署名活動のスタート　アピールの採択

　このままではいけない，みんなで力を合わせていかなくてはという思いを1つにより合わせたのが，さいたま市議会に向けた請願署名活動でした．請願署名活動の趣旨と6つの原則（9P）を確認しながら，9月のさいたま市議会に向けて署名活動をスタートさせることになりました．そして，さいたま市精神障害者家族会連絡会の北向さんがアピールを読み上げ，満場一致で採択されたのでした．

　司会者から，障害者協議会130人，施設連絡会160人，さいたま市議会議員11人，さいたま市職員2人，マスコミ2人と，参加者が300人を超えていたことが報告されました．

　最後に施設連絡会の宮野会長から「国は国民の生命財産を守るのが仕事だが，財政難だけを出してきている．請願署名活動がスタートするが，地域の人たちと目標を達成しましょうと」締めくくったのです．そして，参加者は用意された請願署名用紙を三々五々受け取りながら，第3回の学習フォーラムは幕を閉じたのでした．

4．「さいたま市っていいね」って言われたい～私たちの取り組み，はじめの一歩
〔第4回学習フォーラム　2006（平成18）年8月21日〕

1）各地で広がる負担軽減策　自立支援法の問題に政権与党も問題提起

　10月本格施行に向けて，8月に入り政権与党自らが利用者負担の軽減を求める緊急要望を提出したり，全国障害関係8団体でも自立支援法の早急な見直しを求める緊急要望を提出するなどの動きが活発になっていきました．また，各地では地域ごとの集会があちこちで開かれ，自立支援法の問題について声を上げ，自治体ごとの軽減施策がどんどん広がっていっていました．一方で，県内でも障がいのある人の家庭で無理心中事件が起こったり，施設からの退所，サービス利用の手控えなどの影響が出ていました．また，施設の減収のため職員の賃下げや過重な労働の実態があることがわかってきました．

2）10月からの本格施行を前に

　第4回フォーラムの開会にあたって，障害者協議会望月会長は，6月22日の第3回学習フォーラムを契機に始めた請願署名活動が早くも目標の3万筆を越

えていることに触れ，2つの会の団結の力が署名を集める力になっていると語り，これからの更なるがんばりの大切さを訴えました．マスコミも私たちの取り組みに注目し，NHKテレビの首都圏ネットワークのカメラ取材も入りました．

今回の情勢報告は増田が担当しましたが，7月7日に出された小泉内閣の骨太の方針2006に触れ，社会保障費1.6兆円の削減が盛り込まれ，生活保護の見直しなどが進んでいる状況について報告しました．また，障がい関係の動きとしては，自立支援法に対する問題提起の声が各地で上がっていること，各自治体の独自軽減施策の内容に触れ，さいたま市で進んでいる障害福祉計画について報告しました．

3）請願署名活動の中間報告と課題提起

請願署名活動推進委員会の事務局長を担っている斎藤さんは，この2か月の私たちの請願署名活動は，さいたま市の歴史に残る取り組みで，新しいものを生み出す取り組みになっていると語り，13時45分現在で42,029筆の署名が集まっていることを報告しました．この2か月間の足跡をたどり，市民からの反響などから，もっと現状を伝えていく必要があると語りました．

また，請願と陳情の違いについても触れ，これからの取り組みの日程なども，9月市議会の開会予定と合わせて，現状で想定できる範囲で参加者と情報の共有を行いました．私たちの取り組みが政治活動ではなく，超党派で進めることの大切さと私たちの思いだけでは進まない現実的な壁もあること，請願なのか，陳情なのか，それぞれの会で臨時の役員会を開き，互いの意見を持ち寄って最終的な判断をしたいと話しました．最後に，障がいのあることをその人本人や家族のせいにするような風潮が広がっているが，社会で支えることの意味を多くの人と共有し，障がいがある人が安心して豊かに生きていかれる社会の実現を目指したいと結びました．

4）リレートーク　私たちの声を響かせ，届けよう

市内の9人の人が壇上に並び，それぞれの現状と署名への取り組みを語りました．車いすでの散歩の途中で知り合った人たちに理解を求め署名を集めた中島嘉弘さん（そめや共同作業所），続いて，お子さんを入所施設に入れている70歳後半のお母さんが，署名活動，議員への訪問などを3日連続で取り組み，点滴を打ちながらがんばっているというお話を，手をつなぐ育成会の阿久津奉子さんが報告しました．そして，視覚障害者協会の長根清平さんは，視覚障

い者にとっての認定調査の課題を訴え，オストミー協会松岡英嘉さんは，大腸がんや膀胱がんといった内部障がいのため，外見は障がいがあるように見えないゆえの辛さにも言及されました．さいたま市精神障害者家族連絡会の佐復さんは他の障がいのある人やその関係者とともに行った請願署名活動に触れ，格差是正も含めて取り組みたいと語り，通所施設にお子さんが通っている天野律子さんは，日払い方式になりなるべく休ませないようにしていることや，本当に自立のための法律なのか，不安や理不尽な思いを抱えていることを話して下さいました．施設の職員の立場からは，精神障害者小規模作業所連絡会の市川忠克さんは，精神障がいのある人が街頭署名に立ったことの意味と，そこには精神障がいについてわかってもよいという自己変革があったのだと話しました．そして，作業所の置かれている厳しい現状にも触れました．心身障害者デイケア施設の職員の春里どんぐりの家の速水千穂さんは，デイケア施設が移行すると現状よりも補助金水準が下回ってしまうこと，手話通訳が有料化されることを危惧していると話されました．精神障がいの当事者として星野文男さんが，自立支援法を是正する輪を大きくしよう，さいたま市から全国に発信しよう，と力強く訴えかけました．

　そして，会の最後に第4回学習フォーラムに参加して下さっているさいたま市議会の議員の方々に壇上に上がっていただき，メッセージをいただきました．

5．私たちのつかんだ宝物　市内に広がる共感の輪・つながる力
〔フォーラム2006（平成18）年11月23日開催〕

　6月からスタートしたさいたま市議会への請願署名活動でしたが，私たちは大きな手応えを感じていました．最終的にはまだ結論が出ている段階ではありませんでしたが，11月15日の8都県市サミットでのさいたま市長の発言は大きな前進でした．一方，臨時国会が開催中で，自立支援法のことが国会でも論議されていました．自立支援法の問題については，マスコミ報道，国会での議論，各地での運動，各団体からの要望書など，さまざまな声が上がっていました．

　中でももっとも大きなインパクトがあったのは，日比谷公会堂周辺で開催された10.31大フォーラム「出直してよ！自立支援法」に全国から関係者15,000人が集まったことだったでしょう．障がい者運動の歴史上記録的な規模の集会になりました．さいたま市での私たちの取り組みも日比谷野外音楽堂で宮部さんが報告しました．

　第5回学習フォーラムは，1年近くに及ぶさいたま市障害者協議会とさいたま市障がい者施設連絡会の共同の取り組みを振り返り，私たちが手にしたものは何だったのか，みんなで確かめ合う機会としようと企画しました．そして，この学習フォーラムでは初めて外部から講師をお招きし，お話を伺いました．

1）私たちの取り組み　請願署名活動の中間報告と今後の課題

　推進委員会の事務局長を務めた斎藤さんが，この間の私たちの歩みをスライドで映写しながらたどりました．署名用紙にも登場してくれた一志さんが10月31日に66歳で亡くなられたことを冒頭に報告し，私たちが1歩1歩歩んできたことを確認し合いました．あの暑い夏の日，大宮駅でみんなで声をからして市民に訴えたこと，議員に直接自分たちの声を届けようと歩いたこと，それぞれが自分のできるところで力を出し合ったことを確認したのです．
　そして，12月の議会でどのような内容が示されるのかを見て，2つの会が役員会を開催し，方向性を定めること，集まった募金で私たちの取り組みの記録を残すことなど，これからの取り組みについても触れました．そして，本当に安心して暮らせるさいたま市にするには，まだまだ時間がかかること，私たちが主体的に地域や社会を変えていくことを確認したいと結びました．

2）あなたの不安・心配・疑問に答えます

　事前に参加者から日ごろから不安や心配・疑問に思っていることを寄せていただき，当日回答するという形式を取りました．質問は幅広く，2006（平成18）年12月に国連で採択が予定されている障がいのある人の権利条約についての質問から，この法律で自立した人はいるのか，自立支援法の改正に向けて何をしたらよいのか，また，身近な問題として利用料はどうなるのか，といった具体的な質問まで幅広く出されました．

3）今だから大事なこと　創り合うこと　障害者自立支援法に負けない　あきらめない

　この学習フォーラムにお招きした初めて外部からお招きした講師は，藤井克徳さん（日本障害者協議会常務理事）でした．藤井さんは障がい者施策の歴史に触れつつ，自立支援法で後退を余儀なくされている現状に触れ，国連で採択されようとしている「障害のある人の権利条約」の意味について話されました．そして，自立支援法で大きく歪められてしまった「障がい」「自立」の意味について考える必要があると指摘し，改めて「障害者自立支援法」の問題に言及されました．これからの展望を考える上で，「負けない，あきらめない運動」の大切さ，まとまっていくことが運動の原点であるとし，さいたま市の私たちの展開してきた運動に大きな意味があること，さいたま市の取り組みが全国の

関係者を励ましていること，さいたま市の中のつながる力が大きなエネルギーになっていること，エネルギーは形を変えてつながっていくのだ，と会場の人たちに大きなエールを送って下さいました．

4）私たちの権利宣言

藤井さんのお話を聞き，6人の障がいや難病のある人たちから力強い発言が続きました．

トップバッターの平林彰さん（障害者の生活と権利を守るさいたま市民の会）は，税金や保険料，自立支援法の負担増の中，実際の収入は目減りしている現状を伝え，障がいのある人が1人の市民として当たり前の生活を送るための支援は公費で保障すること，本人や家族の今後の生活のための蓄えまで泥棒のように奪うな，と訴えました．

岩崎清子さん（さいたま市障害難病団体協議会）は自己負担が増えたこと，心身障害者デイケア施設の現状を知ってほしいと話しました．透析や専門医に通う際の負担や医療費負担の重さ，社会との接点でもあるデイケア施設の職員配置が不十分であること，最後に普通の生活を求めているのだ，と結びました．

牧野悦子さん（さいたま市聴覚障害者協会）は，聴覚障がい者は手話通訳がいれば十分なコミュニケーションが取れる，通訳が必要なのはだれなのか考えてほしい，と語りかけました．そして18のシチュエーションを上げながら，会場の人たちに手話通訳が必要なのは聴覚障がい者なのか，相手なのか，これは平等に互いに必要なのだと宣言したい，と力強く結びました．

橋本和憲さん（OMIYAばりあふりー研究会）は，ヘルパーが2006（平成18）年4月から1割負担となったこと，それでも37,200円を支払いながらも利用して社会参加していること，ゆくゆくは1人暮らしをするためにヘルパーを利用していることなどを話してくれました．

柳澤弘子さん（あざみ共同作業所）は，作業所の仲間たちがお金を払うことになって困っていること，苦しんでいることを議員の人たちに作業所に来て見てほしいと話し，結婚して子供をたくさん産むのが私の夢だ，と語りました．

藤沢康さん（ふれあい工房みなわ）は，そううつ病となって作業所に通っていること，さいたま市の当事者会を作り，2つの病院に署名をもらいに行ったことなどを報告し，自分のふるさとであるさいたま市で暮らしていきたい，このフォーラムで横のつながりができたことを報告し，最後に「支援法　みんなで変えれば　怖くない」と川柳で結んでくれました．

そして，さいたま市障害者協議会の北向昭雄さんがアピール文を読み上げ，参加者の拍手により採択されました．（**資料6**）

閉会のあいさつに立った浅輪さんは，障がい者問題を社会化すること，自立支援法で障がいのある人が苦しいのは理念がおかしいのだと言い続けよう，障がいのある人のニーズに立ち返ろう，少し光が見えてきたががんばっていきましょう，と会場に訴え，閉会となりました．

おわりに

　学習フォーラムの足跡をたどっていくと，各回で発表された障がいや難病のある人たちの発言によって，この学習フォーラムでの参加者の共感や学びを深めていったことがわかります．自立支援法を他人事とするのではなく，自分たち1人1人の問題として捉えていくための貴重な学習の機会でした．そして，斎藤さんが毎回豊富な，しかも，最新の情報をわかりやすく伝えてくれる，その話を聞きたいという参加者も多かったのではないでしょうか．その時にすべて理解できなくても，用意された資料を持ち返って読み返してみること，それも参加者の学びになっていたのだと思います．
　そして，回数を重ねる中で市内に顔の見える関係が少しずつ広がっていきました．「さいたま市っていいね」と言われたい！を合言葉に，今自分たちができること，今だからこそやるべきことを互いに確かめ合いながら，進めてきたのだと思います．
　だれかがやってくれるのではなく，私たちが声を上げること，行動すること，その声を多くの市民に伝えていくこと，自立支援法は問題が多いけれど，こうした運動に取り組むことでそれぞれが学習し，力をつけていったプロセスが大事だったのではないでしょうか．
　この5回で学習フォーラムが終わってしまうのではなく，5回目以降をどのように進めていくのか，そこが問われているのだと思います．
　さいたま市での取り組みは，まさに始まったばかりで「最初の一歩」を踏み出したところなのです．　　　増田　一世（さいたま市障がい者施設連絡会幹事）

# Ⅲ 私たちにとっての請願署名活動

座談会

つながることの大切さ……

スタートは「自立支援法」の勉強会

浅輪　振り返ってみますと，この署名活動は大きな成果を得られたとはいえ，中だるみもあったり，それぞれの団体にとってはどうだったんだろうかという思いもあって，今日は集まっていただきました．一番初めは自立支援法が全然わからない．わからないうちにどんどん進んでいってしまうのでこれは大変だということで，勉強しなくちゃということになって学習フォーラムを企画しました．一番初めの学習フォーラムって覚えています？

加藤　相談員といっしょだったでしょ．

浅輪　相談員研修のつもりで始めたんですよ（笑）．でも，いろいろ考えて，これではまずいんじゃないかと思って，二回目からは，やるんだったらきちっとやろうということになってきて，資料代を集めなきゃということになったんですね．何も無いとこから始めたから．でもね一回目から，資料が足りないくらいでしたね．北向さん，あの時は来ました？

北向　私は加わったのは四月になってから，ですから私は新米です（笑）．

浅輪　とにかく知りたいっていう人が，ずいぶんたくさんいたんだなあっていうのが良くわかって，弾みがついたって感じですよね．藤崎さんはいらっしゃいました？

藤崎　半分以上は参加しています．一回目は，すごい，こんなに来ているっていうのが第一印象．でずうっと聞いてて，なんか話がわからなかったですね．ほんと，何の知識も無く行ったので，何を覚えていいのか難しくて．

浅輪　わからないから行ってみようと思ったけど，やっぱりわからない．こんなにわからないんじゃまたやりましょうかということになって．二回目どこでしたっけ？

金野　二回目は中央区のコミセン．

加藤　私は北向さんと逆で，最初は出ていたんですけど，半分ぐらいから忙しくて出られなかった．

松岡　私は面白くないことが多すぎました．理事会その他で配られているものがあるのに，署名項目の中に日常生活用具をはずしているんですよ．それはオストミーだけではなくいろいろあるんですよ．盲人のこともあればいろいろあるんですよ．でも

Ⅲ　私たちにとっての請願署名活動

出席者
　　加藤シゲヨ（さいたま市手をつなぐ育成会）
　　藤崎　明美（さいたま市視覚障害者協会）
　　松岡　英嘉（日本オストミー協会さいたま市支部）
　　北向　昭雄（さいたま市精神障害者家族会連絡会）
　　金野　綾子（さいたま市肢体不自由者父母の会連合会）
　　町田　富雄（さいたま市聴覚障害者協会）

　　　コーディネーター
　　　事務局長　浅輪田鶴子

あのころ，作業所のことが出て，働いても働いた賃金よりも払うものが多くなってしまったとか，そういうことがマスコミ等に出てしまったもので，そういうことばっかりに集中してしまっている．日常生活用具のこともついでに入れてくださいといっても，はずされたわけ．私はオストミーだからそのことを言ったけど，オストミーだけじゃなく，介護訓練支援用具も入っているし，自立支援活動用具も入っているんですよ．住宅のことも入っているし，情報伝達や点字のことも入っているんですよ．それをはずすということは，本当に狭まった考え方で，だから私は，障害者のなかで，障害者を差別しているという考えだったんです．

　金野　こぼれた障害のことがたくさんある，もっと末端のことまで考えてくれということですね．

署名請願へのきっかけ

　浅輪　二回目のとき誰かが立って，これだけみんなが集まって困っているんだから，なんか形のあるものにしていってもいいんじゃないかって言ったんですよね．それを受けた施設連絡会から，署名活動につなげていったらどうだろうかという提案がきたんです．九月議会に出したいから，六月のフォーラムで署名用紙を配りましょうということになって，加速度が付いたんですよね．はっきり言ってしまうと，私たちは後から付いていくだけで，活動しながらつくづく思ったんですが，エネルギーの違いを感じましたね．

　藤崎　私は最初はびっくりして，それから視覚障害者に関しては何があるんだろうと思ったんですよ．知的とか精神とか身体関係のことが全面的で，視覚に関するものがなかなか出てこなくて，エネルギーをもって活動するタイプでもなかったんで，やっとわかりかけてきたんです．わからないと何もできないんですよね．協議会に入って刺激されていると思う．視覚の仲間はおとなしいのかな．違う障害者団体とも接触をしていきたいと思う．まだ圧倒されている（笑）

　北向　途中から参加していますけど，実行委員会の中では個別の要望を取捨するようなそういう認識では取り組んでこなかっ

たと思います．むしろ，自立支援法で障害者の負担増が実態面でどう影響していくのかにありました．実際，法が施行されはじめると，暮らしや生活面での問題点が次々と明らかになりました．国に法の問題点と改正を訴えていくことも必要だけど，施行段階で現実的でない，でも日々の影響を考えると待てない．今回は私たちが住んでるさいたま市に負担の軽減を求めていこうということになりました．財政事情はあるでしょうが，軽減支援にしぼって請願にしました．

浅輪 わずか三ヶ月の活動で五万を超える署名を集めて市議会に提出して，軽減策を実施していただくことになりましたが，三年後の見直しのときはどうなるか，オストミーのことをはじめ，日常的に必要なものに補助金が出ないということになれば，これは大変なことですからね．

やったことない人のがんばり

浅輪 署名が始まり，みんな一生懸命用紙を持って行ってくれました．署名活動を通して変わったというのはどこなんでしょうか．精神は良く動いてくれましたよね．今までこういう活動ってなかったでしょう．

北向 精神にとっても請願運動とか署名活動とか，初めてと思うんです．障協の皆さんと一緒になって進めていくのは心強いけど，はじめはどうしていいかわかんないです．経験がないから．まして駅頭に街中に出て行くことに不安がありました．自分の姿が見えてしまいますからね．多くの方がそういう壁を乗り越えて出かけていきました．そして，思った以上に署名の数は集まりました．

浅輪 聴覚の方っていうのは，団体で請願とかいろいろな活動を行なっていますよね．一緒にやったということをどんなふうに考えてます．

町田 さいたま市聴覚障害者協会としては署名を集めて請願という形で出しましたが，断られて，まとまってということだったのでそのようにしました．できるだけ日常生活用具は無料でお願いしたいと思う．十九年度は大丈夫だと思うんですけど，継続していただけるように皆さんと一緒に運動していったほうが成果があると思います．

浅輪 藤崎さん，自立支援法の資料は点字で来るんですか？

藤崎 一切来ないです．会としては，毎年会独自の要望書を出す中では必ず入れるんですが，いただいたことはないです．今回請願に関しても，代筆や周りの方のお願いして集まったことは集まったんですが，自分たちのこととして考えて署名された人はどのくらいいるのかなあと思います．

金野 私たちは小さな団体ですから，今まで単独で署名ということはしたこと無かったんです．自立支援法はこのまま通しては，大変なのではないか，ということで，議員会館の陳情にも行きましたし，それから議員さんたちにもお願いにあがったり，非常に緊迫した気持ちになって，会員の皆さんにも強く訴えたんです．今回うちの会員はがんばってこぞって署名してくれましたから，相当集まっているはずです．大きな法案に立ち向かっていくためにはやっぱり大きな力で行かなければいけないんじゃないかと思います．

町田 聞こえないものとしては，病院で

あるとか会社であるとかいろいろなところに出向くときに、やはりコミュニケーションが取れないと非常に苦労します。ですから手話通訳がいないと、本当に大変なことになります。自立支援法の中で手話通訳が有料化になって10％取られることになると、非常に困ります。手話通訳を増やすこともどうしても必要です。コミュニケーションができないと、どんどん生活もつらくなってしまうのではないかと思っています。

真っ向勝負のむずかしさ

　浅輪　今回、私は初めて議員さんと親しくお話ししたり現実にその姿を見たりして、実像がよくわかったんですけど、議員向けにいろいろなことをやりましたよね。議員さんの家に行ってみたり、はがきをだしたり。加藤さん、議員さんの家に行きましたよね。

市民との対話が生んだ77,019筆

斎藤なを子

（さいたま市障がい者施設連絡会事務局長）

　第3回学習フォーラム（2006年6月）は、それまでと明らかに様相が異なりました。障害者自立支援法が施行された直後のリアルな実態（利用料負担の重さ・理不尽さ、退所や利用抑制、施設の大幅減収、等）に会場が重苦しく緊張した雰囲気に包まれて、発言する人がしばらく出ませんでした。今目の前でおきている現実はだれにとっても他人事ではない、明日の自分の姿と重なる、そうした思いに突き動かされるように署名行動が一気に広がっていったのではないでしょうか。77,019筆は、私たちと市民が対話した動かぬ証です。自立支援法のこと、障がいのある人たちの実態や願いを、市内の津々浦々で集中して訴え、市民の皆さんの理解と支援を広げてきた経験は、障がい施策を前に進め、安心して暮らせる地域づくりへの大きな財産を残したと思います。障がい分野は、解決しなければならない課題が山積しています。そして障害者権利条約の日本での批准にむけて、みんながもっと力を合わせていくことが求められています。「さいたま市っていいね！って言われたい」、これは今回の市議会請願行動のキャッチフレーズでした。これからも、当事者・家族の皆さんと施設・作業所などの関係者が、大きくひとつにまとまっていく活動の大切な合い言葉にしていきましょう。

加藤 家には行かなかったんです．結局会ってもらえなかったんです．手紙攻勢ですよ．不審者に思われました．何度家に行っても会えなかったんです．電話には奥様が出て，連絡はして置いたんですけど．最終的にはとても好意的なお電話をいただいて，分かっていただけたから良かったと思いましたが，すごく勇気が要りました．初めてのことなので．

浅輪 ともかく家に行ってみたり，議会に傍聴に行ってみたり，やっていくうちに，議員さんたちも署名の多さに圧倒されてる感じがありまして，これは通さなきゃいけないかなという議会側の雰囲気は伝わってきましたね．ということで，陳情なのか請願なのかということになったんですよね．

北向 去年六月から一人一人が請願書を配って，署名の輪がどんどん広がりました．議員さんも個人個人のベースでは何とか協力したいっていう感じになってきました．でも，議会には請願への抵抗がありました．与党会派は不採択の議決をするというのです．たくさんの応援を得て議長に提出したのはよいけれど，議事録に不採択って文字だけが残り，大勢の署名が消えていくというのです．議員筋から，請願ではなく，議会採択の要らない陳情や要望に切り替える方法を薦められました．私たちには，この請願方式でここまで署名を伸ばしてきたので，最後まで請願で通したい気持ちがあります．同時に，施策優先で陳情へ移行する柔軟な姿勢にも心がけました．九月議会に請願書を提出してから時間がかかりましたが，十二月議会になってようやく具体的な施策が見えてきました．この間が正念場でした．早く決着をつけて荷を降ろしたいという気持ちが正直ありました．そこを踏ん張って，請願を下ろさないで，署名を一枚でも多く積み上げていく作戦をとりました．この運動を継続したことが，さいたま市を動かしました．運動を保ち続けるために，また町に出てエネルギーを貰おうということになった．そして第三回目の駅頭宣伝行動になりました．十月十日です．最初は七月三十日，二回目が八月十日で，これで私たちのプログラムは終わったはずでした．ところが，この三回目の意味が実に大きかったと思うんです．

松岡 これを出す時点で，自民党から陳情で出せばということがあったんですよね．初め議員のところに行く第一歩がね．結果的にはよかったけど．

浅輪 真正面から行ったんですよね．結果が出たからよかったんだけど，何も取れなかったらいろいろな議論があったと思いますよね．

加藤 結果的には与党も野党もみんなに伝わったんですよね．自民党の議員さんは最初から来てくれればというけれど，結局お互いにとってよかったんですよね．

浅輪 さいたま市の議会で，障害者のことをこんなにやったことはなかったと思いますよ．

金野 一番の成果ですね．議員さんが答弁しなければならないので，ずいぶん勉強してくれたでしょう．あの成果もすごい．最初全然わかっていなかったでしょ．

加藤 本当に障害者を理解してもらうための啓発とか啓蒙運動が難しい中で，街頭署名で一般の人たちに直接話すと非常によく理解してくれたというのはありましたね．知的の人の親でも，まだ関係ないと思って

松岡 一般の人は，テレビなり新聞なり毎日見ているからね．

浅輪 北向さんも言っていたけど，精神の人たちは街頭署名に出て行って，話しかけられて，私精神障害なんですって言える人が出てきたんですよね．あれは大きいと思うんですよね．

北向 そうは言っても個人個人いろいろな受け止め方があるんです．まだあんまり言いたくないなっていう人たちもいます．でも今回の運動を機会に，大きなハードルを乗越えたって言う人が多くいると思います．

藤崎 私個人的なことなんですけど，姉妹が近くに住んでいるんですけど，やっぱり自分の妹が障害者だということは，あんまり周りには言わないんですよね．今回署名活動に参加して，障害者と関わるの好きじゃないってわかっていたから，あまり進めたりしなかったんですけど，たまたま署名用紙を見て，これなあにって言って，あまり理解していなかった私の姉妹が，ちょっと友達に声かけてくるって，署名を貰ってくれたのはうれしかったです．テレビの報道を見ていて，周りから理解してくれたっていうのがうれしかったです．

みんなが手を携えること

浅輪 いろいろな悩みを抱えながら障害者団体としてこれからも活動していくんですが，署名活動を行って得られたもの，これからやっていかなくてはと思っていることはどのようなことでしょうか．

北向 市ができることは最大限にやってくれたじゃないかと私たちは評価するようにしています．それでも障害をもつ人たちの生活の現状は大変厳しく大変なことに変わりありません．これからも，障協が手を携えて頑張っていかなくてはいけないと思う．いろいろな人に実情をもっと正しく知っていただきたい．私はこの法律が全部悪いとは思っておりません．良い点もあると思いますが，自立支援の目的と制度が実態に合わない面があることもわかりました．改善をして，もっといい支援法につなげていければと思います．

町田 さいたま市聴覚障害者協会としても，自立支援法に関して不安があります．一年後二年後どのように変わっていくのか，心配を持っています．

松岡 私たちは，障害者として一番軽いとは思いますが，私たちの団体は会員数の割には，毎年四～五人が亡くなっているんです．たぶん死亡率が一番高いのではないかと思います．そういう人たちのために役に立ちたいと思っています．

藤崎 自立支援法で，視覚はどうなるのどうなるのと言ってる間に，一割負担がきてこれはえらいことになったという感じです．負担がきて初めて実感してきたというのが現状なんですよね．今まで無料でガイドヘルプとかたのんできたのに，たとえ一割でも今まで負担の無いところから来るのは，大きいですね．そのおかげでヘルパーを使わないようにしよう，出かけないようにしようという人が増えてきたんですよね．視覚の団体のいろいろな会合にも出てこなくなってきているんですよね．そういう社会的な活動は，上の人に任せればいいやということになっているんです．今までもそ

うだったけど，もっと中に引っ込んでしまう視覚障害者が多くなってきているというのはやっぱり問題だと思うんですよね．自分たち自身が外に出て行かなくなったりして，後退しないような活動を続けていきたいと思います．

松岡 藤崎さん，もう一割負担してるの？

藤崎 そうですよ．ここに聴覚の方がいて申し訳ないんですが，何で通訳がタダで，ヘルパーが一割負担なのかなあと思います．同じだと思うんです．それを知ったのは最近なんですよね．それすら知らなかったんです．

加藤 行政も議員さんも一つのことに目を向けてくれたというのが，大きな成果だと思うので，自立支援法の激変緩和策ができたからどうということではなく，三年後の見直しもあるのでこういうことを定期的にするといいのかなあというか，今回できたこの連携を続けていって，いつでも話し合える状況みたいなものを維持できるといいとすごく思います．

浅輪 そうですね．何とかいっしょに活動して行きたいですね．話し合うということは大切ですからね．

金野 うちの会は，他の会はあまり出ないんですが，これだけは勉強になるって言って出ています．

浅輪 みなさん，ありがとうございました．

力を合わせて課題を解決していきましょう

（＊ この座談会は，さいたま市障害者協議会広報紙「あ・うん」6号（2007年3月1日）に掲載されたものを発行者の許可を得て転載したものです．）

請願運動で得たこと

西山　昌子
（社会福祉法人西部福祉会作業所よもの木）

　去年の今ごろのことを思いますと，文字どおり夢中で動き廻っていたような気がします．そのお蔭で得たこともありました．
○　まず自分にとって自立支援法をよくよく考えるチャンスになりました．
○　署名をたくさんの人にお願いしたことが，利用者をはじめ多くの人にこの法律を知って，考えてもらうチャンスとなり，同時に障がい者や施設の現状を伝えることができました．多謝多謝．
○　ついでに「法律のでき方」も学びました．まず大きな枠組みだけ国会を通して（細かい，いちばん知りたいことは何も決まっていない．説明する市の人に聞いても「まだ決まっていません」．これでは何をどう反対して良いか，反対のしようがありません）後から次々と具体的なことを決めていきます．そのたびに私たちは「エーッ！そういう法律だったの？」と驚いたり，怒ったりしましたが，後の祭り．もう決まったのですから「この紋所が目に入らぬか」とすべての関所を通ります．
　決議＝この運動で得たこと＝ウサン臭い法案には大声で反対すべし．でも，まだ希望があります．先日市への要望書に対する回答を市の職員さんから聞いた時「施設の報酬単価と利用者負担が連動することについて」（これが諸悪の根元）「何か良い考えがあったらお聞きかせ下さい」と書いてありました！さいたま市としても「これは良くない」と思っているのではないでしょうか？これから皆で智恵をしぼってどうすればこの自立支援法を障がい者の幸せのために使えるかを考えるのが，私たちの今後の課題だと感じました．今年の夏でなくてよかった！

私たちの思い・願い

日向　聡
（社会福祉法人ななくさ大谷作業所）

　障害者自立支援法が施行されてより，自分の中にすっきりとしない悶々とした気持ちがある．なぜなのか，改めて振り返ってみた．わかったことは，利用者や家族の苦痛を解決できない不満と施設運営の不安が解消されていないことが要因ということだ．

　押し潰されてしまいそうな中で救いとなっているのは，請願署名を行うことで希望を持った発展的な活動ができたということである．福祉関係者のみならず多くの地域の方々に賛同いただき，同じ目的を持って活動することができただけでなく，結果としてさいたま市独自の軽減措置が成立されたことは，どんな状況であったとしても気持ちを1つにして行動を起こすことがどれだけ大切であるのかを示しており，将来につながる大きな発展的活動であったと感じている．

　自立支援法が目指すものは，「障がいを有する方々が安心して地域で暮らせる自立と共生の社会の実現」であり，何としても実現させたいすばらしい法律のはずだ．しかし現実は，利用者のニーズを条件で縛り，家族を経済的に追い込む現状となっていないだろうか．法の中のいくつかの仕組みを見直すことができれば，隠れてしまっている本来のすばらしい面がきっと現れてくると思う．そのためにも一致団結する力を今後も持ち，働きかけ続けることが大切であると感じる．

さいたま市議会請願署名の事務局に参加して

中谷　洋子

（きょうされん埼玉支部さいたま市ブロック）

「さいたま市っていいね」って言われたい．こんな言葉で始まった請願署名の活動は，きょうされんのさいたま市ブロックの事務局にとって，障害者自立支援法施行により施設利用者の方たちに重くのしかかっている利用料の1割負担・施設運営の危機を招いている日割り計算に対する怒りをこの活動に参加し，市民のみなさんに市内の当事者の方やその家族の方たち・関係者とともに訴えていきたいと考え，請願署名の裏方に参加させていただきました．若い職員が多い事務局でしたので，この活動の中でたくさんのことを学びました．署名活動が始まり，署名を集約するオープンスペースでは，集約時間の前から署名を持って待っている車椅子の当事者の方，小さなダウン症の子どもの母親たちで作っているグループの方たちが署名を集めるために手紙を書き郵送して集めた署名を大切に持ってきてくれたり，大宮駅や浦和駅での署名活動に精神障がいの当事者の方が先頭にたって懸命に署名の意味を伝える姿に，私たちは，自分たちが今何を思い，行動しなければならないかの意味をしっかり受け止め，なんとしても多くの署名を集め，さいたま市に軽減策の施策を作って欲しいと現場の仕事を終了してから集約や次への準備をと動いてきました．この不合理な法律にたいして，また，障がいのある方たちの命と生活を守り，自分たちの働く場を守っていくためにさいたま市内で障害のある方・関係者が共同でする初めての大きな活動を成功させたいと願い，参加するみなさんが参加しやすいための準備に心がけました．そして，私たちはこの活動を通して大きなものを学びました．それは，市内の障がいのある方や家族が思想を超えて手を結び合うことの大きさを学びました．また，私たちは自分たちの真の思いを世の人たちに伝えればきっと通じていけることを学びました．これらをこれからも大切にしていきたい，そして，障がいのある人たちの人権を守り，活かしていくことをこれからの活動の柱にしていきたいと思います．

Ⅳ 明日に向かって

座談会

始めの一歩
市民の共感を得る

司会（増田） 前段は取り組みを振り返って，手にしたものと課題，各会で苦労したところなどを話していただきましょう．2つの会が協力して，請願署名活動が大きな流れになっていった．この間の活動を振り返って……

重度障がいの娘を連れて市会議員宅に

宮部 署名活動そのものが私自身初めてだったので，やることがすべて新鮮でした．確かに，障害者自立支援法はたいへんな法律ですし，わが子の生活に直接結びつくものですが，私は娘と2人で1人分という気持ちで，みなさんといっしょにがんばってきたというのがいちばん強かったです．初めての経験で戸惑いはありましたけれども，得るものがとっても大きかったです．まず，議員さんの顔と名前が一致したということと，いろいろなお考えの議員さんがいらっしゃるんだなということ．それから，議員さんの中でも，話を一所懸命聞いて下さる方とそうでもない方といろいろいらっしゃって，ポスターではわからないんだなあということがよくわかりました．（笑）

それから，娘を連れて行って，議員の方に会えたことはとっても良かったと思います．実際に自分の娘を見ていただいて，その中でいろいろなことを議員さんも感じていただけたんだろうと思います．娘も自由奔放で，自分の感情をそのままにぶつけてくるほうなので……

娘のありのままを見てもらって

司会 お嬢さんは何か……

Ⅳ　始めの一歩

出席者
さいたま市議会請願推進委員会

浅輪田鶴子
（さいたま市障害者協議会副会長・
さいたま市手をつなぐ育成会）

傳田ひろみ
（さいたま市障害者協議会理事・
OMIYAばりあふりー研究会）

宮部　幸子
（さいたま市障害者協議会事業委員・
さいたま市手をつなぐ育成会）

宮野　茂樹
（さいたま市障がい者施設連絡会会長・
心身障害者地域デイケア施設DCしののめ）

斎藤なを子
（さいたま市障がい者施設連絡会事務局長・
社会福祉法人鴻沼福祉会）

山口　詩子
（さいたま市障がい者施設連絡会幹事・
社会福祉法人いーはとーぶ）

司会
増田　一世
（さいたま市障がい者施設連絡会幹事・社団法人やどかりの里）

宮部　夏の暑い盛りに本人の苦手な初めての所に連れて行かれ，「何で私がこんな所に行かなくちゃいけないんだ」という思いがあったんだと思う．娘に「議員さんの所へ行くんだよ」と話しても，「議員て何者……」という感じももちろんあっただろうし，初めて議員さんにお目にかかって，「娘のかおりです」とご紹介させていただき，家の中に入れていただいたのに大暴れして帰って来るみたいな……そういった本人なりの気持ちの表現方法についても，議員さんは，重度の知的障がいのある当事者に直接会うという経験が少ないだろうから，ストレートに感情を表す姿を見ていただいたということは，本人の障がいによる困難さを，少しでも議員さんに理解していただくきっかけとなっていただければと思いました．私は娘と生活しているけれども毎日の生活でも支援が必要なんだということを，言葉で言うよりは直接見ていただいたほうが，インパクトが強かったんじゃないかと思います．

運動の中で一気に世界が広がった

山口　うちはどこの団体にも所属しない施設だったので，自分たちの思いを1施設で声を上げても通じないという状況だった．今回，このフォーラムを起点に，署名運動でいい機会をいただき，いっしょにやっていくことで，一気に世界が広がった．職員と保護者と重度の障がい者たちみんなで，この請願運動に参加することでいっしょに勉強することができた．

まず本人を前面にと言っていても，うちの施設の中でも比較的軽度の方を連れて行

こうという発想がどうしてもあったんです．世の中には訴えていきたくても，自分の意思で，自分の言葉で訴えることのできない重度の障がい者の方もいるんだということを，議員さんたちにもわかってもらわないと……いくら親や私たち職員が代弁しても，本人が顔を出さないことには感じてもらえないという部分がわかった上で，今回ちょっと勇気をもらっていっしょに活動することができてよかったです．

　もう1つ，請願を通してJR東日本の労働組合のみなさんと深い絆ができたこと．当事者の私たちよりも外部の人たちの中にとても理解してくれようとしている人たちがいるんだ，ということがわかったのはよかったです．怒涛のような日々が過ぎて，ほんとうにこれから引き締めていかないと……

同じ気持ちになってもらうことのたいへんさ

　浅輪　うちの会員も政治関係にまったく興味も持たなかったんですけれども，やっぱり直接議員さんの姿を見たりして，初めて政治と私たちの生活がつながっているんだということを，理屈抜きで実感できたと思う．

　障がい者団体には自分が関わっている分野があるんです．知的障がいのように施設を利用している人が多い所，その中でも，自分の子どもは一般の会社に就労しているから関係ないわ，という……そこを，そうじゃなくてというふうに言ってまとめていくというのは凄いことです．いろいろな意見がある人を1つにしていくという作業もたいへんです．

　私自身は30何年も前から市議会請願をやったりして施設を作って来ました．個別訪問をやって承諾のハンコをもらったり……だけど，同じ気持ちになってもらうための努力はたいへんだったなあと，今振り返ってもそう思います．

　私はわりと側で助けてくれる議員さんがいたものですから，議員さんそのものについては抵抗も何もなかったんですが，与党って強いんだなとか……（笑）市議会に傍聴に行ってみると，議場で居眠りしている人がいたりしてね，議会ってこんなもんなんだなと思いました．

わーっとやった後の虚脱感が……

　司会　宮野さんは会長になったとたんに……（笑）

　宮野　ほんとうに何かわーっとやって終わったという……終わってからの虚脱感がすごくあるんです．会社勤めをしていたころは労働組合にも首を突っ込んでいたので，昔は結構ストライキなんかやって，正門でいちばん先に名前を覚えられたという，（笑）そういうこともあって，そういう時は，ただ「戦う」で済んでいたと思うんだけれども，今回の署名活動は「けつを叩く」だけではだめだという気がします．今回は相手の立場もそこそこ考えながら，また立ち上がる姿勢を貫くことがこれからも大事かな．社会の不合理がいっぱい氾濫している中で，そういう不合理についてわれわれは目を光らせながら，障がい者の自立につながる運動を，これからも長く展開をしていかなければならないと思うんです．

　たまたま自分が民生委員をやっていまし

IV 始めの一歩

たし，地域の自治会の副会長もやっているので……

司会 民生委員さんとか自治会の方はそんなに障がいのことをご存知ないのではないかと思うんですが……

宮野 当然民生委員は地域住民の，障がいを持った方たちも全部扱うのですが，民生委員の定例会などでも障害者自立支援法の説明はいっさいしないんです．たまたま若い行政の職員に「あんた，自立支援法について知っていることがあったら教えてよ」と言ったんだけれども，答えはなかったですね．

司会 傳田さんは選挙を目前に控えながら1年が経ちました．

市議会議員の1人として見ると

傳田 私は与党と野党の差を身にしみて感じました．障がいを持って議員をやっている人は与党にはいないんです．マイノリティだから，どうしても与党とは意見が違ってしまうということがあるんでしょうけれども……それで，私が自民党員だったらずいぶんと違っているのかなとも思うんですけれども……運動がだんだんたいへんになってきた時に，「自民党にさえ話を通しておけば，すごくうまく行ったのよ」みたいな話があって，私はあの時は議会ってすごい世界なんだなあと，自分自身が議員でありながらも感じました．

でも，結果は良かったと思います．自民党に話を持っていって，自民党の言うなりに請願文を書いていたら私たちはどうだったんだろう……1軒1軒議員さんと会いに歩いたり，ハガキを出したりという行動はもしかしたらなかったかもしれない．たいへんだったからこそ，みんなの連帯も強くなっていったと思うし，障害者協議会と障がい者施設連絡会がいっしょになってやったということには，ものすごく大きな意義を感じます．

「JR東日本労組」の方たちがあれほど動いてくれるとは私も思わなかったんだけれども，ほんとうに熱心にやってくれました．それと私の関わっている心身障害者デイケア施設ノイエの人たちについて言えば，今はヘルパー制度を使っているのは2人だけなんですが，やはりあの2人がヘルパーを使っていない人たちに比べてすごく強かった．歩き回って署名をたくさん集めていたみたいだし，自分自身の問題としてしっかりと受け止めたんだなと思います．

せっかく障害者協議会と施設連絡会がいっしょになって起こした行動なので，この連携を今後もっと，さらに進めていかなければいけないと思うし，さいたま市に対してきちんとやっていくことができたらなと思っています．

集まった署名の高く積まれた山を見た時は感動しました．それと，署名運動中は大勢の方に傍聴に来ていただいたけれども，私が1人でいくら言ってもだめなんです．やっぱり実力行使というか，実際問題として傍聴に来てもらうということがいちばん大切．

運動の中で成長していった仲間に感動

司会 去年の夏の携帯電話代とネット代は過去最高だったとか……（笑）

斎藤 ヨーロッパに行った時に匹敵した

かもしれない．（笑）やっぱり，最初に作った原則を揺るがせなかったのは大きかったと思います．自立支援法への評価は途中で分かれていたと思うんですけれども，具体的な要望は利用者負担軽減策に絞りました．目の前で起きている不利益とか，苦しんでいる人たちが自分たちの地元にいることを食い止めるということを，そこで一致していくことを貫いたのは，考え方の違いはあってもいつでもそこに戻れるという方針の立て方となり，適切だったと思います．だから大きく１つにまとまれたと思っています．

運動というのはなかなか難しく，何となく白黒決着，勝ち負けみたいなことをどうしても求めたくなるけれども，目的は具体的に困っている人を少しでも救済したり，減らしたりしていくという現実性をどう作るかだったから，判断する時に判断のしやすさと，でもみんなの高ぶりとの調整の難しさが多分そこにあったんだろうと思います．

学習フォーラムも毎回当事者が登場して，いろいろな立場から発言することを必ず組織してきたから，参加した人たちがだんだん視野が広がったり，ほんとうに自分のことだけではないと思っていくことにつながったと思います．

私も作業所の仲間たちがたくましくなって，自分の問題として必死になって署名を集めている姿には，ほんとうに励まされたし，感動しました．

運動の全体では，やはり去年〔2006（平成18）〕の９月の市議会のどたん場で，緩和策が必要だという緊急動議が与党から出されたことが象徴的だったと思います．あれを引き出したというのが，運動の勢いに押されたというか，そのころもいろいろあったけれども，あそこがいちばんの山場で，もうこの勢いは止められないという判断があったのではないでしょうか．

10.31フォーラム　会場の日比谷野外音楽堂

IV 始めの一歩

そして最終局面でのねばり，12月市議会に向かって，運動の手を緩めないでもう1回追加署名したり，アピールしたりしたことが決定打になったと思っています．やはり，ほんとうの運動の中でみんなが力をつけるということが，いろいろなものを動かすのではないかと思います．

運動の写真を見るとみんなが笑っている

宮野　今回は署名活動といっしょに，学習フォーラムもやった，そういう細かい仕事やってくれたことにほんとうに頭が下がります．

司会　確かにやるのはたいへんだったけれども，やっぱり確実に力になっていった……

傳田　集約する時もたいへんだった．職員も仕事が終わった後，みんなで集まって……

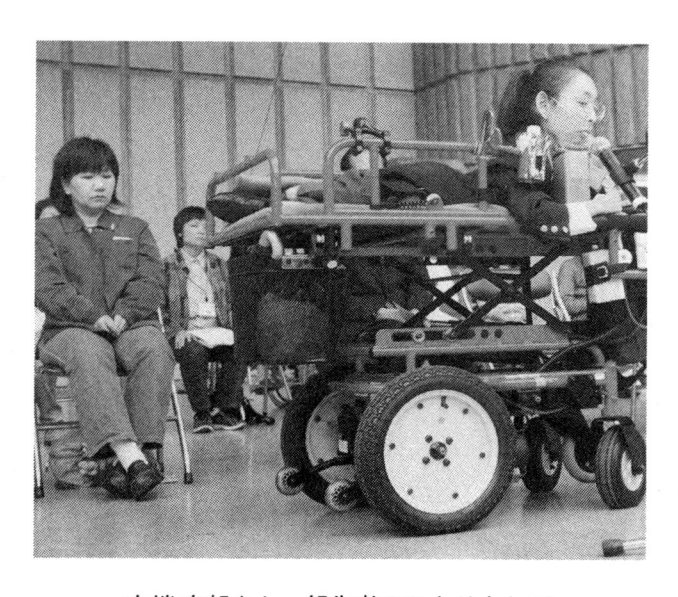

左端 宮部さん　報告者のひとりとして

司会　運動を撮った写真を見るとけっこうみんな笑っているんです．いい顔している．だから，自立支援法自体はいけないということはわかるんだけれども，それを改善しようという取り組みにはすごく力強い躍動感がある．

浅輪　外からはしんどさだけが見えてしまうんだろうけれども，そんなことなくて，楽しかったわ．

宮部　活動を通してチャンスというか，浅輪会長がいろいろな所に出してくれた．それをきっかけに，ここにおられる斎藤さんとか増田さん，山口さん，傳田さんとかたくさんの方と知り合えた．そこからまた違った視点で吸収できたということが，私にとってはいちばん大きな収穫だったと思います．

宮野　何も知らないから，いい意味で，言われるがままに「あれやんなさいよ」「これやんなさい」と言われて「ハイ，ハイ」と言って出ていったんですが，それも振り返るといい経験になっていて，「あっ，自分にもこういうことができるんだ」という新たな発見もできたと思います．

司会　宮部さんは10.31の日比谷の野外音楽堂で私たちの取り組みの報告をされましたが……

宮部　野音には20何年前ぐらいにコンサートに行ったきり．行ったきりですから，へえ，こんなに大きかったのかなと思って……これ4,000人も入るのとびっくりしましたが，10.31では，一言言うたびに参加者が「そうだ！」と反応してくれることが，すごく気持

ちよかった．（笑）

じわじわと生活を締めつけてくる自立支援法

司会 市長の発言とほとんど同時に国の救済策が出てしまったので，これからどうするのという不透明感とか，それぞれの不安が決して無くなっていないというような実感が私自身はあるんですが……

浅輪 障がい種別によって影響をもろに受けているところと，あんまり影響を受けていないところがあって，実は聴覚障がいは今無料で通訳者が派遣されているんですが，視覚障害のガイドヘルパーは有料なんです．あの人たちがガイドヘルパーなしで，1人でどこかへ行くなんて考えられない．そういう意味でひじょうに利用を抑えていると聞かされました．

傳田 自分の話になって申し訳ないんですが，昨年の大みそかに怪我してからもう全介助なのです．自己負担額は毎月37,200円，収入の関係から軽減策は受けられません．議員をやっている今は何とかなっているけれども，この先どうなっていくかわからない中で，やっぱり重度になればなるほどお金を出さざるを得ない．この仕組みはほんとうにおかしすぎると，実感しています．

それと，移動支援の単価がぐっと下がって，4,000円が2,800円ぐらいになりました．そうなると，事業所もすごくたいへんです．結局，ヘルパーさんが大勢辞めてしまったりとか，かなり劣悪な状態で働かざるを得ない状況がどんどん出てきている．実はヘルパーさんの時給を下げるような話も……例えば，身体介護と家事支援がいっしょの時間給だったのに，家事支援は身体介護より少なくするという事業所も出て来たみたいで，そうなると，ヘルパーさんも辞めてしまう……

司会 コムスンの問題の根底にあるのはそこです．

傳田 コムスンだけを悪者にしても，根本的な問題は解決しないと思います．だから，ここでやはり介助システムをもう1回見直すべきだし，行政が全部民間に任せておくこと自体やはり現場から離れてしまっていて，何でいい制度が作れるのかと思います．まず，行政の人が現場に入って，実際に見て，こういうことで困っているんだからこういう制度が必要だとか，逆に今度私たちが，その苦労して作ってきた制度が，自立支援法が優先するからといって，切られてしまうという場合が出てきている．やはり自立支援法自体をゼロにして，最初から考え直すべきだと思います．あの法律はきっとじわじわ，じわじわと私たちを締めつけてきます．結局みんな外に出られなくなってしまう状況を作り出していっているような気がするんです．

娘の1か月1度の外出の楽しみが奪われる

浅輪 うちの娘はホームを利用して施設に通っています．収入は年金と1か月1万5千円くらいの工賃だけです．今，私たちは高齢になってきて，自分の年金は自分たちの生活で精いっぱいのところまで来ています．だから，公的年金と工賃だけで生きていくにはどうしたらいいか，一所懸命考えてシステムを作ってきたわけです．ですが，もうできなくなりました．

Ⅳ　始めの一歩

　ガイドヘルパーさんが「サーカスに行きましょう」と言う．サーカスは1万1千円です．それで，ガイドヘルパーさんの分も払うわけです．やっぱりそのお金を計算しながら，「あんた，これは行っちゃだめ」と言わなければならない事態が絶対に来ると思います．ガイドヘルパーさんといっしょに行くというのが娘の1か月に1回の楽しみなんです．そういう楽しみは人間が生きていくには大事なものです．それができなくなるというのはどういうことなんだろうと思います．法律でそこまでやっていいのかしら．

　それと，職員の給料がどんどん減っていくのは大きな問題だと思うんです．優秀な職員がいつかいなくなる可能性が十分あるんです．いつかいなくなると困るから，何とかして引き止めなくてはいけないから，一所懸命お給料や手当を増やそうにもぽんと増やせない．苦労して増やした人の給料を見て，あんなに上げたのに手取りで1,000円しか増えてない．「私のせいじゃないからね．国がいけないのよ」と思わず言ってしまった．（笑）

情報を知らない人たちがいっぱいいるんだ

　山口　ここに来て，いろいろなところから問い合わせや相談に来る人たちで，団体に所属していない人たちが，まるっきり情報がなく，まったく何も知らなくて，訪ねて来て教えて欲しいとか，相談のって欲しいと……まだ情報を知らない人たちがいっぱいいるということに気づかされたんです．私たちはたいへんだと言いながらも，団体で活動していたり，共通の基盤ができているから安心感はあるけれども，それすらも知らない人たちは，自分たちが取り残された状況にあるということも知らない．

　うちで見るだけで4，5人いるということは，逆にもの凄い数がいるということです．その人たちは生活支援センターの存在を知らないから行かれない．やはり中途障がいの人とか軽度の人たちは，情報をもらえないでいる人たちが世の中にきっとあふれているのではないか．私もこの運動に参加してから，斎藤さんとか増田さんたちが自分たちの施設のことや自分たちの利用者じゃない人のことまで，何であんなに考えていけるんだろう，偉いなと……そこが新鮮だったんですけれども，自分も目の前にいる対象者だけではなく，こういう人たちを何とかしてあげないとかわいそうだというのが最近になってすごく……

市民に向けた理解を得る運動の継続を

　司会　いろいろなところでの混乱や被害が，利用者にも施設にもあって，特別対策ができたからと言って安閑としてはいられない．

　斎藤　2つ大事なことがあると思っています．1つは，もともと自立支援法は，制度として絶対手をつなげない仕組みが持ち込まれていると思うんです．事業者報酬を増やそうとすれば利用者負担に跳ね返るから，まずそこがだめだし，世帯単位で利用者負担を考えれば家族の中での対立があるし，給食をたくさん食べる人と少ししか食べない人が同じ値段でトラブルになったりとか……

　新事業体系移行で，どう考えても，法人

全体で1億円近い減収なんです．本人のニーズとか，親の意向とかには関係なく，単なる効率，程度区分で計算して昨日の夜出た数字がマイナス8,000万円ですから……だけど，ぜんぜん非現実的だから．こんなものを提案したら，利用者も家族も反発するに決まっています．職員もこれ以上の労働条件の悪化では……やっていけません．

　一方で，全国の小規模作業所を見ると，ある地域で小規模作業所の補助金が今まで年間500万円だったのが，活動センターに移行すると750万円になり，活動センターの要綱で職員配置基準も3人と明確になったから，現場は少し手厚くなって嬉しいです，と言わせてしまうのは何だろう．そこから見たら，8,000万の減収と言ってももともとの額が大きかったから……これも手をつなげないというか，作られた対立がやっぱりある．だから，みんなが意識をちゃんと持って，大きく手をつなぐ努力を重ねなければいけない，というのが1つ．

　もう1つは，市議会請願運動を改めて考えると，確かに対市議会に向かってみんなで力を合わせたんだけれども，ほんとうに力を合わせた相手というのは市民だったと思うんです．市民に対して，みんなが懸命に津々浦々入り込んで，主要な団体の所にはほとんど話がいっていた．あっちに行っても知ってますよ，こっちに行っても知ってますよ．よくぞここまでと……私が行ったレストランにまで署名用紙が置いてあってびっくりしたぐらいだから……市民に対してやった運動なんだということをもう1回位置づけ直して，市民の理解というか世論を作っていかなければ，障がい分野はこの格差社会で埋没するだけになってしまう．

一部の人々を締め出す社会は弱くもろい社会

浅輪　東和裕さん（DPI日本会議）の講演を聴いた時に，障がい者の権利条約を障がい者だけを対象にしないで，社会からどう共感を得ていくかということがとても大事だと言っていました．労働法の中に，障がい者も含めた待遇改善ができた時に，そこで救済されたのは社会の隅っこでいちばん虐げられていた普通の労働者であった．だから，お互いに相手を限定しないで，世の中を良くしていくという視点をしっかり持っていかないと，何も良くならないという気がしました．

傳田　学習フォーラムを引き続きやっていきたいですね．千葉県の差別禁止条例をつくった人たちの話を聞くとか……

司会　施設連絡会の事業計画に障害者協議会との共同の活動をちゃんと位置づけて……

浅輪　協議会も事業計画の中には入ってます．去年みたいにひんぱんにはできませんよ．まいっちゃうからね．（笑）

斎藤　これからの私たちの取り組みの課題としては，格差の渦の中にもたどり着いていないくらい厳しい現実の中に……要するに，障がい分野はまだまだ人権の水準に到っていない部分をちゃんと引き上げていくということ，予算の振り向け方は絶対的に異常な低さなんだからそこを上げていくということがあると思います．国際障害者年の行動計画の序文で，私が好きな言葉の1つが「一部の人々を締め出す社会は弱くもろい社会である」です．その観点をきち

んと据えて，みんなが勉強し合って，人権の重さをかみしめながら，知恵を出し合う方法が大事だと思います．

浅輪 やはり孤立感を持たせてはいけないですね．

司会 地域の中を丹念に歩いていくと，障がいのあるなしに関わらず，生活が困難な人たちが山といるんだろうな．ほんとうはそういう人たちといっしょに手をつないで……

斎藤 障がい分野の立ち位置できちんと社会の流れを見るということは大事だなと思わされたのは，社会保険庁問題．消えた年金とか．とにかく選挙前にばたばたと事が動き始めた．しかし，そこで無年金障害者の会の人たちはとても複雑な心境です．今，無年金障害訴訟は最高裁まで行っているけれども，長い間けんもほろろの扱いで冷たく遇されてきた．ところが，ちょっと政治問題化して，国民の圧倒的大多数が詐欺だとか何とかと言ったら，事態は簡単に動き始めた．生活の現実がめちゃくちゃたいへんな中で何年も，何年も厳しい闘いをずっとしてきているのに，やはり障がい者は片隅の，多くの人に関わりのないことなのかというむなしさを一方ですごく感じていると．

学び，考え，一歩一歩やっていく

司会 具体的には学習フォーラムを今年度〔2008（平成19）〕もやって，その中に権利条約なり，私たちが視野を広げ，きちんとした共通の認識を持てるようになっていくといいと思う．目の前の生活がたいへんなことはわかるんだけれども……

傳田 障がい者の問題としてだけ捉えるのではなくて，市民をいかに巻き込んで，例えば「権利条約」に関してもいっしょに自分たちの問題だというふうに考え合っていく．

宮野 こういう運動はすぐ効果が出るものではないから，継続していくことが大切であるし，これからは高齢者と障がい者がいかにいっしょになって闘っていくかということが大事だと思います．高齢者控除もなくなってしまうし，住民税がもろにかかってくる，安い国民年金で生活していかれない……そういう面では高齢者もいっしょではないかな．

斎藤 医療費制度も来年から変わる．後期高齢者医療を使っている人が世の中の荷物みたいな感じになっています．

司会 構造改革の本丸は医療制度だろうと思うので，医療制度がどれだけ患者に影響していくか，きちんとさいたま市民の問題として見ていかないと……

浅輪 それから，千葉県でできた差別禁止条例みたいなものを作りたいですね．狭い範囲で，一部の人がやってもしょうがない．だから，どうやって広めていくかと考えた時に，いっしょにやっている人のフィールドが役に立つことがたぶんあるだろうと思います．だから，そういう勉強もしていかないと……

山口 私の場合，自分たちの催し物とか行事は地域交流で，請願運動は請願運動と分けていたところがあったけれども，これからは，自分たちが日ごろの地域交流だとか小さなお祭りだとかに行って，障がい者の立場をいっしょに考えてください，という運動を常に根底に持ってやっていかなく

てはいけないというのを，みなさんの話を聞いて思いました．いっしょに人権とは何ぞや，人が生きていく上で大切なのは何だということを土台に話せるような理解者を，もっと増やしていきたいとすごく思いました．

司会 有難うございました．

資料編

資料1

さいたま市障害者協議会・さいたま市障がい者施設連絡会
さいたま市議会請願署名・募金運動

障害者自立支援法による福祉・医療・補装具などの利用料に軽減措置を求める請願書

2006年　月　日

さいたま市議会議長　殿

紹介議員　　　　　　　　　　　　　　印

請願団体
さいたま市障害者協議会（さいたま市身体障害者福祉協会、さいたま市手をつなぐ育成会、さいたま市精神障害者家族会連絡会、さいたま市聴覚障害者協会、さいたま市視覚障害者協会、さいたま市障害難病団体協議会、さいたま市障害児のための連絡会、さいたま市難聴者、中途失聴者協会、社団法人日本オストミー協会さいたま市支部、さいたま市肢体不自由児者父母の会連合会、大宮障害者の施設づくりをすすめる会、埼玉県筋ジストロフィー協会さいたま市支部、埼玉県パーキンソン病友の会さいたま市支部、埼玉銀鈴会さいたま市支部、日本自閉症協会埼玉県支部さいたま市連合、障害者（児）の生活と権利を守るさいたま市民の会、さいたまダウン症連絡会、ノーマライズうらわ、ＯＭＩＹＡばりあフリー研究会）
さいたま市障がい者施設連絡会
　　住所　さいたま市中央区鈴谷8-8-40
請願人代表
　　住所

（他　　名）

請願趣旨

　障害者自立支援法（以下「法」）は、食事・排泄・入浴など障がいのある人が、人間として生きるために必要な最低限の支援にも利用者負担を求めています。障がいのある人たちの多くは、障害基礎年金を頼りに生活せざるを得ない状況で、その金額は一人立ちするにはほど遠いものです。
　施設に通所したり、医療を利用するにも大幅な利用者負担増となりました。施設や作業所で働いて得られる月1万円ほどのささやかな工賃を上回る負担額となる人も大勢います。
　その結果、施設を退所する人やサービス利用、医療受診を手控える人たちも出てきており、障がいのある人たちの状態の悪化や孤立化、地域生活の実質的な後退を余儀なくされる事態がおきています。
　10月には法が完全施行されますが、施設・作業所などの事業者にとっても、こうした状況が続いてゆけば、誰のための何のための福祉事業であるのか、その存在意義と基盤が大きく揺らぐことになりかねません。
　政令市を含む少なくない地方自治体では、利用者負担に関する独自の負担軽減策もさまざまに実施されています。さいたま市においても、障がいのある人たちの地域生活の安心と安定、また、施設利用を安心して継続するための重要な事業として、法による利用者負担を軽減するための独自施策を講じていただくことを切望するものです。

資料1

請願項目

障害者自立支援法による障害福祉サービス・障害者自立支援医療・補装具にかかる利用者負担について、さいたま市独自の負担軽減策を講じてください。

（お手数ですが、住所は市からご記入願います）

氏　名	住　所
	市
	市
	市
	市
	市

（署名は、ボールペンまたはサインペンでお願いします）

＜個人情報保護について＞
● 請願署名は「個人情報保護に関する法律」に抵触しません。
● 署名用紙に記入された氏名・住所は、請願としてさいたま市議会に提出する目的以外に使用することはありません。

ワンコイン募金運動実施中
▼

募金
円
円
円
円
円

資料1

障害者自立支援法が何をもたらしているか？

「作業所」に通うAさんの場合（知的通所授産施設） '06年3月まで

今月は工賃10,000円！ご苦労さま
母さんにプレゼント買えるかな♪

3月まで 利用者負担金ゼロ

↓

4月から
- 定率（応益）負担 約15,800円/月
- 食費負担 約10,500円/月
- 合計 約26,300円/月 負担増!!

今月分利用料頂きます
工賃もらっても…足りない
うちも厳しい

Aさんの経済状況
- 障害基礎年金2級 約66,000円/月
- 障害福祉手当 約5,000円/月
- 工賃
- 新たな負担分 約26,300円/月（収入に対し、約32％！）

さらに自立が遠のく…

ホームヘルパーを利用するBさんの場合

毎日、身体介護、家事援助、移動介護の支援を利用して一人暮らしをしている

3月まで 利用者負担金ゼロ

↓ '06年4月から

4月から 定率（応益）負担 24,600円/月 負担増!!

家賃を支払う見通しがなくなり、仕送りに頼らざるを得なくなったBさん

やっと親から自立できたと思ってたのに…

Bさんの経済状況
- 障害基礎年金1級 約82,000円/月
- 特別障害者手当 約26,400円/月
- 新たな負担 24,600円/月（収入に対して 約23％！）

残り8万かー どーやって暮らしていくの？

（中央の吹き出し）
トイレに行くのも お風呂に入るのも 移動するのも お金を払わなきゃならないの！？
働くのになぜお金を払わなきゃならないの！？

住む街によって負担が違う!!

もしX市（政令市）に住んでたら…
2008（平成20）年度までは、上限 7,500円/月
（上限額には車いすや医療費の負担額が含まれる）

ガンバレ！さいたま市!!

さいたま市在住Cさんの場合
【非課税世帯、障害者年金1級の場合】
知的障害者通所施設利用料 約16,000円/月

おもい…

Y市（政令市）だったら…
2008（平成20）年度までは、ゼロ円！
（車いすや医療費は別に1割負担あり）

おぉっ

各地にひろがる自治体独自の利用者負担軽減策
1843市区町村のうち 244市区町村（13.23％）で実施
うち政令指定都市では 15市のうち8市（53.3％）で実施
（5月29日現在：きょうされん調べ）

＜障害者自立支援法とは＞

2003年、知的障がい、身体障がいの人たちの支援費制度（契約による福祉サービスや施設を利用する制度）が始まりましたが、障がいのある人たちの人間らしい暮らしや社会参加を求めるニーズにこたえきれず初年度から予算の大幅な不足が生じる事態となり、小泉政権による三位一体改革などの動向も重なって急ピッチで法改正が進みました。

全国の障がいのある人やその家族、関係者の「もっと慎重に審議して欲しい」という声が高まる中いったんは廃案になりましたが、特別国会において2005年10月31日に成立し、2006年4月に一部施行、10月から全面施行となります。

この法により、知的障がい、身体障がい、精神障がいが1つの制度になったこと、市町村が中心となってサービスを提供するなど前進した点もありますが、サービス利用に一律1割の利用者負担（応益負担）を求める考え方と仕組みが導入されることになりました。

資料1

「さいたま市っていいね」って言われたい…

難病も3障害と同等に福祉サービスを受けられるようにして欲しい。
石井 光雄 さん
（さいたま市障害難病団体協議会）

聴覚障害者はコミュニケーション支援事業が有料化されると日常生活が困難になります。
河合 洋祐 さん
（さいたま市聴覚障害者協会）

障害者自立支援法では安心できません…

市はノーマライゼイションの理念に基づき介助や施設の利用料などの負担軽減をして下さい。
一志 正厳 さん
（埼玉県筋ジストロフィー協会 さいたま市支部）

医療費のアップだけ先行しているが、この街に住んで良かったそんな市政もアップして欲しい。
飯塚 壽美 さん
（さいたま市精神障害者家族会連絡会）

障害が重い人ほど普通の生活を送るのに多くの支援が必要なのに負担が増える仕組。こんなのおかしい！
中村 和子 さん
（さいたま市手をつなぐ育成会・写真は息子さん）

障害者自立支援法による福祉・医療・補装具などの利用料への軽減措置を求めて
さいたま市議会に向けた請願署名，募金にご協力下さい

請願項目

障害者自立支援法による障害福祉サービス・障害者自立支援医療・補装具にかかる利用者負担について、さいたま市独自の負担軽減策を講じてください。

問い合わせ
〒338-0013　さいたま市中央区鈴谷8-8-40
TEL / FAX　048-852-3113　　e-mail:saisyousiren.0609@hotmail.co.jp
さいたま市障がい者施設連絡会 事務局

請願団体

さいたま市障害者協議会（さいたま市身体障害者福祉協会、さいたま市手をつなぐ育成会、さいたま市精神障害者家族会連絡会、さいたま市聴覚障害者協会、さいたま市視覚障害者協会、さいたま市障害難病団体協議会、さいたま市障害児のための連絡会、さいたま市難聴者、中途失聴者協会、社団法人日本オストミー協会さいたま市支部、さいたま市肢体不自由児者父母の会連合会、大宮障害者の施設づくりをすすめる会、埼玉県筋ジストロフィー協会さいたま市支部、埼玉県パーキンソン病友の会さいたま市支部、埼玉銀鈴会さいたま市支部、日本自閉症協会埼玉県支部さいたま市連合、障害者（児）の生活と権利を守るさいたま市民の会、さいたまダウン症連絡会、ノーマライズうらわ、ＯＭＩＹＡばりあフリー研究会）、さいたま市障がい者施設連絡会

資料2

さいたま市議会請願行動推進ニュース

NO.1 （2006.07.11）

発行人：さいたま市障害者協議会・
　　　　さいたま市障がい者施設連絡会

連絡先：さいたま市障害者施設連絡会事務局
〒338-0013 さいたま市中央区鈴谷8-8-40
TEL・FAX：048-852-3113

◆いよいよ請願行動スタート！

6/22（木）に与野本町コミュニティーセンターにて開かれた第3回学習フォーラム（主催団体：さいたま市障害者協議会・さいたま市障がい者施設連絡会）の際、さいたま市議会請願書名・募金活動についての提起があり、アピール文の採択により、参加者一同の総意として請願行動に取り組むことが確認されました。5万筆分用意された署名用紙は当日でほぼなくなり、参加者それぞれが意欲をもって署名活動をスタートすることができました。署名用紙は増刷を重ね、3万枚（15万筆分）作成しています。

署名数の目標はさいたま市民から3万筆以上です。1人でも多くの市民の署名を集められるよう、積極的に取り組んでいきましょう。

◆思いをひとつにした学習フォーラム

第3回障害者自立支援法学習フォーラムでは、障害をもって暮らす上で、また施設で働く職員として日々起こっている実態や、痛ましい心中事件が続出している現状、各団体の調査により明らかにされた退所者問題の実態が報告されました。また、市内の生活支援センターの職員が身体障害当事者、母親、認定調査員に扮して、障害程度区分認定調査のロールプレイを行い、どのように調査が行われるのかイメージが明確になりました。

＜当日参加者のアンケートから＞

・皆が安心して暮らせる世の中になってほしい。施設に通うことが親子の生きがいになっている。生きがいをなくさないでほしい。

・ぎりぎりで生活をして、頑張って生活保護に頼らないでいた家庭で、悲惨な事態が起きる。真面目に正しく生きて来た方々がどん底に落ちない手立てを考えるべき。

・ただ普通に生きていくための介助なのにお金を払わなければならないという意味がわからない。補装具だって私たちにとっては足だし、ただ歩くためにお金を払うなんて…。

・とにかくこの実態を沢山の人（一般市民も含めて）知ってもらわないと社会は変わらないと思う。そのために身近なところからいろいろな話をしていきたいと思う。他人事ではなく、当事者・家族・関係者が積極的に声を上げていきましょう！

★さいたま市議会請願署名・募金活動　第1次集約のお知らせ★

7/23（日）13：00～19：00、障害者交流センター第2会議室にて第1次集約を行います。
オープンスペースとなっていますので、ご都合のつく時間帯に署名と募金を持っておいでください。署名用紙の穴あけは不要です。　※　詳細については別途配信されるチラシにてご確認ください。

★街頭署名・募金活動のお知らせ★

7/30（日）10：00～15：00、大宮駅西口にて街頭署名・募金活動を行います。
多くの市民の皆さんに目に見える形で協力を呼びかける活動です。1人でも多く、お気軽にご参加ください。　※　詳細については別途配信されるチラシにてご確認ください。

さいたま市議会 請願行動推進ニュース

NO. 2 (2006.07.24)
発行人：さいたま市障害者協議会・
さいたま市障がい者施設連絡会
連絡先：さいたま市障害者施設連絡会事務局
〒338-0013 さいたま市中央区鈴谷 8-8-40
TEL・FAX：048-852-3113

速報 7/23（日）第1次集約！！ 目標3万筆にむかって大きな一歩！

7/23(日)さいたま市議会請願署名・募金活動の第1次集約が行われました。活動がスタートしてわずか1ヶ月ですが、利用者負担軽減を求める切実な思いが多くの市民の皆さんの支援につながっています。

＜第1次集約結果＞

署名：13,018筆　　募金：348,383円

※取り組み団体・施設数…9団体、34施設、賛同4団体

※第1次集約分のうち、7/23オープンスペースには
34件分（10,967筆、207,712円） が届けられました。

＜オープンスペースに寄せられた声＞
・連日報道されているにもかかわらず、署名活動の際にお話をさせていただき、初めて「法」について知ったという声を沢山聞いた。今後は、もっと多くの方に現状をお知らせする方法を考えたい。
・お金を払って働くなんておかしいと思う。「法」は自立できる人だけ支援する法律。障害者の本当の幸せのためにはならない。
・児童センターに集まっていたお母さん方、食事サービスを利用している高齢者の方、商店街の方、街の人たちの力はすごい。後半に向けて頑張ります。
・今回の署名は利用者が頑張っている。散歩の時間に知り合いがいれば声をかけたり、商店街の人にお願いする人、料理教室へ行ってお願いする人、ヘルパーさんにお願いする人など、自分たちの問題として何とかしようと思ってやっています。
・みんなで力をあわせて頑張ろう！！笑顔が一番。

＜署名にご協力いただいているところ＞　※事務局に報告されたうちのごく一部です

・各地の自治会の皆さん	・ライフ白幡店の皆さん	・埼玉合唱団の皆さん
・作業所の取引業者の皆さん	・会計事務所の皆さん	・居宅事業所の皆さん
・市立養護学校の皆さん	・商店街の皆さん	・交流センター料理教室の参加者の皆さん
・浦和養護学校の皆さん	・老人会の皆さん	・みんなで独自の街頭署名を行いました
・JR東日本労組の皆さん	・民生委員の皆さん	(順不同)

今後のお知らせ

7/30（日）10：00～15：00、街頭署名・募金活動（大宮駅西口）
8/ 5（土）10：00～17：00、第2回オープンスペース（障害者交流センター第1・2和室）
8/10（木）17：00～19：00、街頭署名・募金活動（浦和駅西口）
8/21（月）13：00～16：30、第4回障害者自立支援法学習フォーラム（市産業文化センター）

※文中、障害者自立支援法は「法」と表記しています。

資料2

さいたま市議会 請願行動推進ニュース

NO. 3 （2006.07.30）
発行人：さいたま市障害者協議会・
さいたま市障がい者施設連絡会

連絡先：さいたま市障害者施設連絡会事務局
〒338-0013 さいたま市中央区鈴谷 8-8-40
TEL・FAX：048-852-3113

街頭宣伝 速報！！

7/30（日）10：00～15：00 大宮駅西口にて街頭宣伝活動を行いました。集まった募金・署名は…

署名1,962筆　　募金：75,493円
参加者数（団体・施設数）：225人（11団体、33施設、1賛同団体）

快晴となり、気温30℃という大変な暑さだった当日。大宮駅西口は気温以上の熱気に溢れ、コンコースには街頭宣伝の参加者が身に付ける黄色が溢れました。当日参加された皆様、暑い中お疲れ様でした。

＜市民の方の反応＞・・・事務局で把握している中の一部を記載します

・テレビの報道で既に知っている方は「大変ですね」「頑張ってください」と励ましの声を多数頂きました。「働くのにお金がかかる法律だ」と説明すると、「働くのに？　なんで？」と驚く方もいました。
・どのような活動か聞いてくれるのは若い人が多く、話せば皆さん理解して署名をしてくれました。
・名前は書けないけれどカンパはするよ、と言ってくれる方もいました。
・「法」ができた時は障害者が自立できるいい法律だと思ったが、実際は違っていて驚いていると話してくれる方もいました。
※　まだ自分の名前の漢字がわからない男の子も、お母さんに教えられながら、平仮名混じりで署名をしてくれました。「市民じゃないけれど良いですか？」と協力してくれる方、外国の方も協力してくれました。市民の方々にも、理解の輪が着実に広がっています。

＜参加者の声＞・・・事務局で把握している中の一部を記載します

・声をかけることで少しでも振り向いて話を聞いてもらえるのがありがたかった。知らない人に伝えようとする事が大事だと実感した。
・炎天下でも、若い人たちが足を止めて署名をしてくれて、「頑張ってください」と励ましてくれたのがありがたかった。
※　ある作業所の皆さんは、女性も男性も浴衣や甚平を着て参加して、盛り上げてくれました。ある施設の方は前もって看板を用意し、サンドイッチマンになって積極的にチラシを配ってくれました。当事者や利用者の方の頑張りが大きく目立つ1日となりました。

今後のお知らせ

8/ 5（土）10：00～17：00、第2回オープンスペース（障害者交流センター第1・2和室）
8/10（木）17：00～19：00、街頭署名・募金活動（浦和駅西口）
8/21（月）13：00～16：30、第4回障害者自立支援法学習フォーラム（市産業文化センター）
　　　　　　　　　　　　　 第3回オープンスペース

※文中、障害者自立支援法は「法」と表記しています。

資料2

さいたま市議会請願行動推進ニュース

NO.4（2006.08.01）
発行人：さいたま市障害者協議会・
さいたま市障がい者施設連絡会
連絡先：さいたま市障害者施設連絡会事務局
〒338-0013 さいたま市中央区鈴谷8-8-40
TEL・FAX：048-852-3113

　今回の推進ニュースは特別バージョンです。当事者・家族の皆さんから「声」を寄せていただきました。あわせて、この請願の主旨に賛同してくださる方々をご紹介いたします。

「私たちは、この請願の実現を切望しています」各区の当事者・家族の声（順不同）

◆私は自立したいです。私の将来の夢は友達と一緒に暮らすことです。そしてたまに家に帰り、親孝行がしてみたいです。でも、自立支援法では自立できません。生活ができないです。でも、私は自立がしたいです。（斉藤寛子さん　北区）

◆4月から通院治療費とデイケア代金が倍額になったので、デイケアをやめました。授産施設は習う楽しみがあるので続けたいです。工賃から利用料を引かれたらあいません。台所も苦しいと聞きます。大丈夫でしょうか。（北向昭雄さん　浦和区）

◆最重度の息子が二十歳になったら、兄たちと同じように親から自立した生活をさせてあげたいという夢が、大幅な負担増で打ち砕かれた思いです。（栗原享子さん　南区）

◆自立した地域生活を目指してグループホームへ。ほっとしたのも束の間、負担金だけではなく、障害程度区分判定によって夜間支援がなくなる心配が！（加藤シゲヨさん　桜区）

◆4月からやりたいことが出来なくなり夢が消えました。なんで僕たちが普通に生活するために、理解を求めたりお願いをし続けなくてはならないのでしょうか。（五十嵐良さん　緑区）

◆ホームで暮らせば家賃生活費は年金の倍かかります。貯金を使い果たしてしまったら、大病したときにどうなるのだろうと親としての不安が募ります。（金野綾子さん　中央区）

◆やっと造った施設を維持する為、職員さんの給料を確保する為、具合悪い時も無理して通わなくてはなりません。（大石智子さん　大宮区）

◆医療費の負担も増え、親亡き後低所得となり困るのに、障害者を助けるどころか、苦しめる政策は困ります。（若林直子さん　西区）

◆病気のため、体調の波や疲れやすさがあって、職安に行っても仕事がありません。授産施設では5年続きました。こうした福祉の利用に負担がかかるとなると、あたりまえの生活がますます遠のくように思います。（佐藤晃一さん　見沼区）

◆我が子は、未成年で入所施設。年金も特別児童手当も無く利用料は全額保護者支払い！負担増で家計は火の車。払えない家族は在宅で何もするなと宣告されたよう。帰宅すると施設が成り立ちません。どうしたら良いか？泣けてきます。（黒澤篤子さん　岩槻区）

「私たちは、この請願の主旨に賛同しています」（7月31日現在、順不同）

大宮厚生病院院長　小島洋氏（見沼区）、坂本和哉氏（浦和区）、向江正晃氏（見沼区）、北袋2丁目自治会長　吉田実氏（大宮区）、前さいたま市民生委員協議会会長　望月重巳氏（中央区）、元埼玉県障害者福祉課長　飯塚哲朗氏（緑区）、木村通恵氏（北区）、埼玉県老人クラブ連合会副会長・さいたま市老人クラブ連合会顧問　秋谷守直氏（見沼区）

資料2

さいたま市議会 請願行動推進ニュース

NO. 5 （2006.08.07）

発行人：さいたま市障害者協議会・
　　　　さいたま市障がい者施設連絡会

連絡先：さいたま市障害者施設連絡会事務局
〒338-0013 さいたま市中央区鈴谷8-8-40
TEL・FAX：048-852-3113

速報　8/5（土）第2次集約結果　みんなの力を集めるってすごい！

8/5(土)さいたま市議会請願署名・募金活動の第2次集約が行われました。

目標3万筆まであと少しです。利用者負担軽減を求める切実な思いが、市民の皆さんの支援の輪を確実にひろげています。また、この間のマスコミ報道により障害者自立支援法に関心を持つ方が増えていることも大きい力になっています。埼玉新聞での報道に続き、TV埼玉から取材依頼がきています。

＜第2次集約結果（この間の累計）＞

署名：25,855筆　募金：685,155円

※第2次集約分のうち、8/5オープンスペースには

31団体・施設分（8,831筆、209,937円）が届けられました。

★第3次集約は8／21（月）、第4次集約は8／27（日）です。お盆休みが入りますが、障がい者・家族の実情や願いを具体的に伝えながら、署名数をさらにつみあげていきましょう。

＜オープンスペースに寄せられた声＞

- 署名をお願いすると、どなたも積極的に書いていただけるので、どんどん動けます。
- 会の活動の場（公共の場所）に、署名用のポストを用意したところ、たくさんの署名が入っていました。
- 小学生以下の子供の家庭に、会報に同封して署名をしてもらいました。
- 年齢の小さい会員にも広報で呼びかけました。普段なかなか声を聞けない方からもたくさんの返送があり、声を上げる機会をいただけてよかったと思います。自分たちにも出来ることがあるんだ！と思えたことも収穫。更にもう一押し、ギリギリまで声掛けを続けていきたいです。

📢 今後のお知らせ 📢

- 8/10（木）17：00～19：00　街頭署名・募金活動（浦和駅西口）
- 8/21（月）13：00～16：30　第4回障害者自立支援法学習フォーラム（市産業文化センター）
  　　　　　　　　　　　　　第3次集約を上記フォーラム会場でおこないます
- 8/27（日）13：30～17：00　第4次集約のオープンスペース（障害者交流センター第1・2会議室）

資料2

さいたま市議会 請願行動推進ニュース	NO.6 （2006.08.11）
	発行人：さいたま市障害者協議会・ さいたま市障がい者施設連絡会 連絡先：さいたま市障害者施設連絡会事務局 〒338-0013 さいたま市中央区鈴谷 8-8-40 TEL・FAX：048-852-3113

📢 浦和駅西口街頭宣伝　速報！！

8/10（木）17：00～19：00浦和駅西口にて街頭宣伝活動を行いました。集まった募金・署名は…

署名：921筆　　募金：56,550円

（現時点での累計… 署名：27,746筆　募金：768,105円）

快晴となり30℃を超える大変な暑さだった当日の夕暮れ時。浦和駅西口前は、この日のために市内各地から集結した150名以上の参加者で埋め尽くされ、壮観でした。皆様、本当にお疲れ様でした。

> 街頭署名当日、テレビ埼玉の取材を受けました。今回の市議会請願行動の内容や浦和駅での街頭署名の様子が放映される予定ですので、是非ご覧下さい。
>
> ## 放映日時：8/11（金）21：30～

＜参加者の声＞・・・事務局で把握している中の一部を記載します

- 道行く市民の皆さんに、誠意をこめて「法」について説明をした。多くの障害のある仲間たちの頑張りにも感激した。この思いが届いてほしい。
- 年配の方も若い方も、市民の皆さんが協力してくれて嬉しい。

＜市民の反応＞・・・事務局で把握している中の一部を記載します

- このところ、全国区のニュースでも報道されているせいか、「法」について知っている方もいるようで、「あぁ、この前テレビで見たわ」と協力してくれる方が7／30大宮駅の時よりも多くいました。
- 「東京都民ですが、かまいませんか？」と声をかけてくださり、快く協力してくれる方がいました。
- 片づけが終わった後に「先程は忙しくて通り過ぎてしまったのですが、間に合いますか？」とわざわざ声をかけてくださり、改めて署名してくださった方もいました。

※ ある施設の方は前回の大宮駅での街頭宣伝の際の看板を利用して、サンドイッチマンになって積極的にチラシを配ってくれました。早く来てのぼり等の準備を積極的に手伝ってくれる方や、「私は足が悪くて参加できないけれど、せめてね」と冷たい飲み物をたくさん差し入れしてくれたご家族…etc.。
　当事者も家族も職員も願いをひとつにして、団結して取り組んでいる大きな実感を得られた1日でした。「法」に対する理解が着実に広がり、私たちの思いが市民に伝わっている手応えがありました。

📢 今後のお知らせ 📢

8/21（月）13：00～16：30、第4回障害者自立支援法学習フォーラム（市産業文化センター）
　　　　　　　　第3回オープンスペース
8/27（日）13：30～17：00、第4回オープンスペース（障害者交流センター第1・2会議室）

※文中、障害者自立支援法は「法」と表記しています。

資料2

| さいたま市議会 請願行動推進ニュース | NO. 7　(2006.08.21)
発行人：さいたま市障害者協議会・
　　　　さいたま市障がい者施設連絡会
連絡先：さいたま市障害者施設連絡会事務局
〒338-0013 さいたま市中央区鈴谷 8-8-40
TEL・FAX：048-852-3113 |

8/21（月）第3次集約！　**速報**

8/21(月)の第4回障害者自立支援法学習フォーラム開催と同時に、さいたま市議会請願署名・募金活動の第3次集約が行われました。活動がスタートして約2ヶ月、9月市議会へ向けラストスパートです。

＜第3次集約結果＞

署名：44,522筆　募金：1,001,142円

※第3次集約分のうち、8/21学習フォーラム時には・・・

51件分（15,536筆、189,327円）が届けられました。
※取り組み団体・施設数…11団体、35施設、個人及び賛同団体5件

目標を大きく上回る集約状況に、会場から大きな拍手が自然にわきました。これだけ多くの市民の方々にご理解と賛同を寄せていただいた事実は、この運動に関わる皆さんの大きな支えとなっています。

第4回障害者自立支援法学習フォーラム「'さいたま市っていいね'って言われたい！私たちの取り組み、はじめの一歩」に約270名が参加！　NHK他マスコミ5社取材！

8/21（月）13：00より、約270名の参加者が集結し、第4回学習フォーラムが開催されました。さいたま市障害者協議会望月武会長の開会挨拶のあと、増田一世氏（さいたま市障がい者施設連絡会幹事）より情勢報告、斉藤なを子氏（同施設連絡会事務局長）より署名行動の中間報告がありました。

続いてのリレートークでは、中島嘉弘氏（そめや共同作業所）、阿久津奉子氏（さいたま市手をつなぐ育成会）、長根清平氏（さいたま市視覚障害者協会）、松岡英嘉氏（社団法人オストミー協会さいたま市支部）、佐復恵治氏（さいたま市精神障害者家族会連合会）、天沼律子氏（デイセンターさくら草）、市川忠克氏（さいたま市精神障害者小規模作業所連絡協議会、FN工房）、速水千穂氏（春里どんぐりの家）、星野文男氏（やどかり情報館）の9名の方から発言がありました。

仕事をするためにお金を支払うという納得のいかない状況を何とかしたいと、よく行くお店の店員さんや散歩で知り合った人にも署名をもらったこと。障害のある人のきょうだいが通う中学校の先生から署名活動がひろがったこと。精神障害の当事者や家族が、他の障害の皆さんと一緒の取り組みから勇気をもらい、共に街頭宣伝に立ったこと。一方で、日払い方式の導入により、施設の運営を考えると、安心して帰省や外泊ができなかったり、発作が多くても無理して通わせるようになっていること。視覚障害のある人が障害程度区分認定で実態が反映されにくいこと。人工肛門の人に欠かせないストマや聴覚障害をもつ人の手話通訳でさえ有料化されるのではないかという不安等も次々に語られました。

今回のフォーラムには、さいたま市議会議員11名のご出席と4名からメッセージをいただきました。フォーラムの最後は、さいたま市障がい者施設連絡会会長宮野茂樹氏による「これから長いたたかいとなりますが、皆さん頑張っていきましょう」との挨拶で締めくくられました。総合司会は、宮部幸子さん（さいたま市手をつなぐ育成会）がおこないました。

（次ページへ続く）

資料2

<アンケートに寄せられた声>・・・たくさんの中から一部を抜粋して掲載します（順不同）
- 4万筆以上もの大切な署名を市議会に提出するにあたって、くれぐれも私たち障害者にとって失望するようなことのないようにしていただきたいと思います。
- 障害者の家族として切実な思いで参加しました。自分に何ができるかを考えつつ、少しでも活動できる知識を得られる機会があって、ありがたいです。
- 1人1人の力もまとまればずいぶん大きいと思いましたが、議会への請願がどうなるのか不安です。まとまった力が生きるようになって欲しいと思います。
- 小さな輪が大きな輪へと広がったのを素晴しいと思います。1回目からずっと参加ですが、どんどん盛り上がっているのを感じます。私たちのエネルギーが是非市議会へ届くことを願うばかりです。
- とても前向きで現実的な活動だと思います。孤立しがちな私たち障害者は決して1人ではなく、心強い人たちが存在すると知り、当事者である私たちも頑張っていけると思いました。
- いろいろな方に障害者の実態を知ってもらい、当たり前に生きられる世の中にしていかなければと、改めて痛感しました。
- 20歳になる娘が、少しでも、何かの面でも自立できる世の中になればと願うのに、時代と逆行する法律に不満や不安だらけです。
- 施設職員がお金にかえられない給料以上の気持ちで支えてくれていたことや、今まで頑張って築いてきたものが根底から覆されることが何より辛いです。
- 障害者の問題は、自分たちのところだけが改善されれば良いわけではなく、間違ったこと、変えられてしまったことを、より正しい方向に直していくことが大切だと思います。
- 実り多いフォーラムでした。各々の立場の方の気持ちを聞けたのは良い勉強になりました。障害は誰しもに起きることだと思います。「私には関係ない」ということはないと思います。
- 家族の1人として、この「法」が施行されることにとても不安を覚えます。親が生きている間は何とかなるかもしれませんが、それでは「普通に暮らす」という当たり前のことすらできないです。
- 「法」が施行されてから実際に利用料を支払っていますが、多額だなぁと身につまされます。社会福祉法人減免でこうですから、3年後が怖いです。
- 親亡き後の将来、本人が1人で、または他の人と一緒に暮らしていく際の経済を考えると、とてもやっていけない状況です。骨太どころではない、ひどい骨細の方針ですね。
- 内部障害があることを知らなかったのでびっくり。
- リレートークの9名の方の心からの願いに、心を動かされました。
- 色々な考えの人がたくさん集まって一緒に「法」について学習し、行政に対して行動していくことができるのがすごいと思う。それだけ障害をもった人や家族に負担がいっているのがよくわかった。
- 町会の会合等で大勢の人に署名をしていただきました。心に残る嬉しい言葉、嫌なことも少々ありましたが、署名運動は地域の方々に少しだが福祉に気持ちを向けてくれる良い機会だと感じました。
- 初めての参加でしたが、お話に熱い思いがこめられ、経過報告もよくわかり、本当に初めの一歩。これからが大変なのだと思います。
- 当事者です。今までは精神科の医療費は自己負担が5％でしたが、10％になりました。お金のために医療から遠ざかる方、医療中断による事故を起こす方が出ないかととても心配しています。
- 各障害者団体が1つになったこの運動の力強さ、必要性を実感しました。最大の難関であるさいたま市議会で採択されることを何よりも願うものです。
- リレートークでの「親は我が子のためなら、どんな無理でもする」とのお話が胸に刺さりました。
- 「障害は誰にでも起きる」「明日は我が身」と思いつつ、当事者の皆さんのこれまでの取り組み、運動について改めて頭の下がる思いがしました。市の軽減措置の実現を願っています。（一般参加）

📢 今後のお知らせ 📢
　8/27（日）13：30～17：00、第4次集約オープンスペース（障害者交流センター第1・2会議室）
　8/30（水）市議会へ署名提出　　　　　　※文中、障害者自立支援法は「法」と表記しています。

資料2

さいたま市議会 請願行動推進ニュース

NO. 8 （2006.08.28）

発行人：さいたま市障害者協議会・
　　　　さいたま市障がい者施設連絡会

連絡先：さいたま市障がい者施設連絡会事務局
　〒338-0013 さいたま市中央区鈴谷 8-8-40
　TEL・FAX：048-852-3113

速報 8/27（日）オープンスペース＆第4次集約！署名5万筆超える！！

8/27(日)13：30～17：00、障害者交流センターに於いて第4回オープンスペース＆第4次署名・募金の集約が行われました。

＜8／27現在集約状況＞

署名：52,518筆　募金：1,125,260円

※第4次集約分のうち、8/27 第4回オープンスペース時には・・・
48件分（7,996筆、124,118円）が届けられました。

「(署名用紙) 2枚で10筆だけど持ってきたよ…」「最終締め切りはいつですか？」「明日に署名をいただきに行くところがあるんだけれど、どこに届ければいい？」と、市議会提出日ギリギリまで1筆も無駄にすることはできないという皆さんの思いが、オープンスペースに続々と寄せられました。

5万筆に到達した瞬間は、その場にいた方と事務局から思わず大きな拍手が沸きました。

8/21に行われた第4回障害者自立支援法学習フォーラムからわずか1週間で、更に多くの署名を積み上げることが出来ました。本日までに集められた署名用紙は、1000筆ずつ束にして綴じ紐でまとめる作業を事務局でおこない、現在、ダンボール箱4つにびっしり詰まっています。（重いです！）

またこの週末には、市議会議員の皆さんへ、署名提出へのご理解をいただくための要請を、10区ごとに当事者・家族のご協力を得て、訪問や電話、手紙などでおこないました。

☆**市議会提出は 8／30（水）16：30 です！**

お手元にある署名は、8／29（火）までに、施設連絡会事務局までお届けください。

なお、市議会提出方針とその後の取り組みについて協議するため、以下の臨時会議をおこないます。
- ◆ 8／29（火）18：30～　障がい者施設連絡会　臨時役員会＆政策委員会
- ◆ 8／30（水）14：00～　障害者協議会　臨時理事会

今後のお知らせ

8/30（水）16：30　市議会へ署名提出　＊議長室にて、議長に直接お渡しする予定です
9/7（木）署名の最終集約日、9月市議会開会予定
9/11（月）12（火）予定 →市議会の代表質問の傍聴（詳細は後日連絡、是非多くのご参加を！）

※今後集まった署名については、障がい者施設連絡会事務局（さいたま市中央区鈴谷 8-8-40）まで届けてくださいますよう宜しくお願い致します。ご不明な点は TEL・FAX 048-852-3113 へご連絡ください。

なお、9月市議会開会後の署名の追加(最終)提出は、9／8（金）を予定しています。

資料2

さいたま市議会請願行動推進ニュース

NO. 9　(2006.08.31)
発行人：さいたま市障害者協議会・
　　　　さいたま市障がい者施設連絡会
連絡先：さいたま市障害者施設連絡会事務局
〒338-0013 さいたま市中央区鈴谷 8-8-40
TEL・FAX：048-852-3113

【速報】 8／30（水）午後4時、青木一郎議長へ請願書を提出！
署名　57,377筆　を添えて！

＜紹介議員＞　松本　敏雄　氏（自治ネット）
　　　　　　　高木　真理　氏（民主党）
　　　　　　　我妻　京子　氏（日本共産党）
　　　　　　　沢田　力　　氏（無所属）
　　　　　　　細川　邦子　氏（無所属の会）

　6月下旬からはじまったこの行動は、当初目標3万筆の倍近くとなる57,377筆の署名を添えて、さいたま市議会議長あてに請願として提出することができ、新たな節目をむかえました。

　請願提出に先立ち障害者協議会と施設連絡会の両団体それぞれの臨時役員会をおこないました。この2ケ月間の行動のなかで、すべての会派・議員の皆さんに、障害者自立支援法による様々な影響に対する何らかの手立てが必要であるという認識が確実にひろがっていること、5万7千筆の重みをふまえ、市の独自施策の具体的な実現が図られるように、9月市議会での代表質問などの状況の推移をみながら、必要な行動をとっていくことを確認しました。

　この署名活動は、目の前でおきている障がいのある人たちの地域生活の後退（施設退所や利用抑制、受診控えなど）の実態をもとに、その改善を求めてみんながひとつにまとまって取り組んできたものです。わずか2ケ月の間に積み上がった5万7千筆は、その実情を市民に伝え、「安心してあたりまえに暮らしていきたい」という一人ひとりの切実な思いに対する理解をしめしていただいた数であり、当事者・家族・関係者自らが真剣に努力した証でもあります。施策の具体化という次の一歩に向かって、さらに力を合わせて進んでいきましょう。

★署名の追加（最終）提出は9／8（金）です。～集約締め切りは9／7（木）
★代表質問を傍聴しましょう！9／11（月）、12（火）の予定。
　私たちの請願に託した思いが、議会でどのように受けとめられ、市長から何らかの答弁がなされるのかを、両日ともに傍聴席をいっぱいにして、しっかり見届けましょう。是非多くの方のご参加を！
★施策の具体化を求めるハガキ要請行動などをおこなう予定です。～別途お知らせします

【今後のお知らせ】
9/ 7(木)　署名・募金最終集約日、9月市議会開会予定
9/ 8(金)　請願署名追加（最終）提出
9/11(月),12(火)　市議会代表質問[予定]…傍聴に是非多くのご参加を！（詳細は後日連絡します）
※今後集まった署名については、9/7（木）までに、障がい者施設連絡会事務局（さいたま市中央区鈴谷8-8-40）へ届けてください。ご不明な点は事務局（TEL・FAX：048-852-3113）までどうぞ。

●事務局からひと言…1筆1筆の重みをひしひしと感じながら、数人で市議会へと署名の束を届けましたが、帰り道で小雨が降り出した時には「大切な署名を濡らさずに済んで良かった」と胸をなでおろしました。

資料2

さいたま市議会 請願行動推進ニュース	NO.10 (2006.09.4) 発行人：さいたま市障害者協議会・ 　　　　さいたま市障がい者施設連絡会 連絡先：さいたま市障害者施設連絡会事務局 〒338-0013 さいたま市中央区鈴谷8-8-40 TEL・FAX：048-852-3113

さいたま市議会が9／6（水）から開催されます。
9／11（月）～12（火）代表質問をみんなで傍聴しましょう！

　いよいよ9月さいたま市議会が今週からはじまります。
　請願の取り扱いについては、現在、議会運営委員会においても重要な案件として協議が続けられているとのことです。また自民党・公明党をはじめとする多くの会派が、代表質問において自立支援法に関連した内容をとりあげていく予定です。5万7千筆を集めた力が、9月さいたま市議会で自立支援法を大きなテーマとしていく状況を確実につくりだしています。（8／31市長記者会見でもコメントあり）
　私たちの請願に託した思いが、議会でどのように受けとめられているのか、そして市長から施策の具体化について何らかの答弁がなされるのかを、代表質問がおこなわれる両日ともに傍聴席をいっぱいにして、しっかり見届けましょう。是非多くの方のご参加を！

★**代表質問は、両日ともに10時～16時頃の予定です。**（途中、昼休憩あり）
　議席数の多い会派の順におこなわれます。
★**傍聴の手続きや注意事項について**
・市議会の議場はさいたま市役所の3階にあります。
・議場入り口の傍聴者受付で、住所と名前を書いて傍聴席に入ります。車イスの方は、記者席で傍聴します。電動車イスの方は、議場に備え付けの車イスに乗り換えて、議会事務局の職員が誘導します。
・傍聴席に入るときは、帽子をはずす、音をださない、飲食しないなど一般的な注意事項があります。
・傍聴席がいっぱい（84席）になった時は、3階議場前のロビーや、市役所1階ロビーのモニターで議会の中継を視聴することができます。（インターネットでの生中継もあります！市議会HP参照）
・用事がある時など、傍聴席を途中退席することは可能ですので、短時間でも是非ご参加ください。
・市役所の食堂がなくなっていますので、昼食については、それぞれで工夫をお願いします。
・両日ともに、推進委員会の事務局員が、黄色いリボンをつけて、市役所の1階と3階にいますので、わからないことはお尋ねください。

★施策の早急な具体化を求める議員宛のハガキ要請行動を急きょ市議会開会前におこなうこととしました。約1400通を9／4～5の間にとりくみ可能な団体や施設に協力していただきました。

今後のお知らせ
　9／7（木）　署名・募金最終集約日予定
　9／8（金）　請願署名追加（最終）提出予定～情勢によっては更に署名の追加提出をおこないます
　9／11（月），12（火）　市議会代表質問
　9／12（火）　請願行動推進委員会～代表質問と答弁の内容をふまえて、今後のとりくみについて協議します。翌日以降、障害者協議会・施設連絡会それぞれの緊急役員会をおこなう可能性があります。

資料2

さいたま市議会請願行動推進ニュース

NO. 11　(2006.09.13)

発行人：さいたま市障害者協議会・
　　　　さいたま市障がい者施設連絡会

連絡先：さいたま市障害者施設連絡会事務局
〒338-0013 さいたま市中央区鈴谷 8-8-40
TEL・FAX：048-852-3113

📢 9／11，12　さいたま市議会代表質問
～連日150人以上が傍聴！　ロビーのモニターでも議会の様子を見守る

　9/11(月)と12(火)の2日間（12日は午前のみ）にわたり、さいたま市議会9月定例会において各会派による代表質問が行われました。代表質問に立った9名のうち、真取正典氏、今城容子氏、山崎章氏、平野祐次氏、高柳俊哉氏、岡真智子氏の6名が障害者自立支援法に関する内容をとりあげました。

　11日午前には約180人、午後には約140人、12日の午前には約150人の関係者が集まり、84席の傍聴席は常にいっぱいで、議会会議室や市役所ロビーで傍聴する人も大勢いました。59,706筆（9/8現在）の署名にこめられた私たちの思いに対してどのような討議がなされるのか皆で真剣に見守りました。

📢 傍聴に参加した方々の声

　当日お配りした感想アンケートに寄せられた声の一部を抜粋して掲載します。

◆市議会の議場の傍聴席には車椅子席が3席しか設けられていない上、急な階段しかないので傍聴するのが大変困難でした。障害者が政治に参加することを想定して議会が作られていないことを知り、これからはどんどん傍聴に来ないといけないなと思いました。
◆モニター中継画面に手話通訳が写らないのは残念。
◆今後も粘り強く訴え続けていかねばとつくづく思いました。
◆利用者側と運営側について具体的な事例を挙げて訴えていく必要があると思う。
◆一刻も早い軽減策をとって頂けるよう切に願っています。
◆がっかり。はっきりみなおしてほしいと思います。とてもきびしいせいかつになってこまっています。
◆市民の為に考えてほしいことは「調査中」の答えばかり。子育て支援、青少年育成、老人介護と障害者問題が分けられていましたが、障害者には子どもも青少年も老人もいます。
◆もう少し私たち家族が安心できる答えがほしかった。親への負担をどれほど考えてくれているのかの返事がほしかった。このままでは年金暮らしの親にとっては息子の服も買ってやれない状態です。
◆市としての発展（都市開発や観光）も大事かもしれませんが、市民が安心して暮らせる街づくりが最も優先されるべきなのではないかと思った。
◆自立支援法施行にともなう急激な変化は認識しているとしながら具体的な対応はしめされず不満。
◆もっと市独自の負担軽減策等についてのはっきりした意見が聞きたかった。
◆「把握し検討していく」、これがどの程度のものか関心を持って聞いた。
◆一番気にかけている部分の答えが確認できず不安はそのまま残っている。
◆多くの目が議員の後ろで見ているということが、少しでも刺激になれば良い。
◆議員さんには仕事中は起きててほしかったです。市民の為にがんばってください。
◆今日座りきれないほどの関係者が集まったことを、市議に実感してほしい。
◆多数傍聴人がいたのは効果的だったと思う。紹介議員になってくださった議員さんを力づけることができたのではないでしょうか。

♪今後の予定については、別途お知らせします

資料2

さいたま市議会 請願行動推進ニュース

NO.12　(2006.10.23)

発行人：さいたま市障害者協議会・
　　　　さいたま市障がい者施設連絡会

連絡先：さいたま市障害者施設連絡会事務局
　　　　〒338-0013 さいたま市中央区鈴谷8-8-40
　　　　TEL・FAX：048-852-3113

■ 11／1（水）午後、市議会保健福祉委員会にていよいよ「請願」の審査！

　暑い夏、みんなの気持ちをひとつにした熱い行動は、あの9月市議会の代表質問以降、まだ脈々とつづいています。この間、障害者協議会と施設連絡会の両団体では、それぞれの役員会や全体会などで話し合いを重ね、引き続き、請願署名をつみあげながら、さいたま市独自の負担軽減策が一日も早く実現されるよう、ねばり強く様々な取り組みをおこなっていくこととしています。

　こうしたなか、私たちの提出した「請願」について「採択・不採択」についての審議をおこなう日程が決まりました。11／1（水）午後2時からの保健福祉委員会です。この委員会で出された「結論」が保健福祉委員長より12月市議会の初日（12／6頃）の本会議で報告され、議決・確定となります。

　現在の市議会の会派構成や紹介議員の状況からは、この11／1（水）の委員会での審議内容が事実上の「結論」を方向付けるものとなりますので大変重要です。この日も多くの人たちで傍聴しましょう。

　11／1（水）は、奇しくも「障害者自立支援法」が国会で成立してからちょうど2年目を迎える日となります。前日の10／31（火）には、私たちと同じ思いを抱いた当事者・家族・関係者が全国各地から「出直してよ！障害者自立支援法、10.31大フォーラム」（於；日比谷公園周辺）に集い、政党シンポや国会要請行動、市民パレードなどが催され、さいたま市内からも大勢の参加が見込まれています。全国の皆さんと交流し大きな力を寄せ合いながら、「法」の改正と、さいたま市の独自施策を実現していきましょう。

■ 92団体・施設の連名による、さいたま市長宛の要望書を提出！

要望事項「障害者自立支援法による障害福祉サービス・障害者自立支援医療・補装具にかかる利用者負担について、さいたま市独自の負担軽減策を早急に講じてください」

　10／16（月）、障害者協議会・障がい者施設連絡会の2団体と、市内90ケ所の各団体・施設の代表者の連署・押印による、さいたま市長宛の要望書を提出しました。市障害福祉課の黒沢副参事と細見社会参加担当が対応し、障害者協議会の望月会長、施設連絡会の宮野会長と事務局斎藤より要望主旨を以下のとおり伝えました。

　『9月市議会で代表質問をした7会派のうち6会派がとりあげ、それに対する市長答弁に大きな期待を寄せていたが、まだ具体的なものがしめされず失望感もひろがっている、「請願」に紹介議員をたてなかった会派の皆さんも努力していただいていることを私たちも理解しており、請願審査で「不採択」とならない状況を何とかつくりたい、そのためにこの要望書は「請願」項目に「早急に」の3文字を加えている、その意味を受けとめ市として具体策を明らかにしてほしい。』

　黒沢副参事からは、9月市議会で緊急動議として出された「さいたま市独自の激変緩和措置を講じること」の附帯決議が全会一致で議決されている、それへの対応をすすめるため、現在、様々な調査と検討を重ねているところである、との話がありました。

　なお今回の要望書の提出にあたり、事務局の実務的な事情により連署・押印が間に合わなかった団体・施設があります。深くお詫び申し上げます。

資料2

◻ 10／21（土）現在の署名総数は、約66，000筆！

　「さいたま市の皆さんの奮闘に励まされている」「自分たちの地域でも是非がんばっていきたい」と、この間、市外の当事者・家族・施設関係者の方たちから署名の協力が事務局に相次いで届けられるようになりました。私たちの署名行動は、「このままではどうしようもない」「何かしなくては…」「何とかしていきたい…」と切望する人たちへも大きな共感をひろげています。

　また10／10（火）17：00～18：30、浦和駅西口でおこなった街頭宣伝行動には、110人を超える参加者があり、短時間でしたが550筆を集めました。偶然とおりかかった埼玉県議会議員の方（さいたま市選出）も署名していきました。

　1筆1筆をコツコツとつみあげていく行動をとおして、理解や支援の確かな手応えが得られています。

◻ 市議会への署名追加提出（10／30予定）に向け、署名集約をおこないます。

　＜オープンスペース＞10／28（土）13：00～17：00　交流センター和室

　11／1（水）の保健福祉委員会において追加署名数が公式に報告がされますので、10／30（月）には、できるだけ多くの署名をつみあげたいと思います。署名の協力をお願いしているところの回収を急いですすめていただき、10／28（土）のオープンスペースにお持ちください。間に合わない方は、10／30（月）の午前中までに、事務局宛に確実に届くよう、どうぞよろしくお願いいたします。

◻ 11／23（木）第5回学習フォーラム　の企画まとまる、今から予定を！

　「私たちがつかんだ宝物　市内に広がる共感の輪・つながる力」
　☐　日　時　20006年11月23日（木）13：30～16：30
　☐　場　所　埼玉トヨペット（株）3階会議室（JR埼京線北与野駅改札出て右1分）
　☐　参加費　100円（資料の必要な方のみ）
　☐　プログラム
　　＜第1部＞　私たちの取り組み－請願署名活動の中間報告と今後の課題
　　　　　　　　　　　報告者　斎藤なを子（さいたま市障がい者施設連絡会事務局長）
　　＜第2部＞　障害者自立支援法Q＆Aコーナー　あなたの不安・心配・疑問に答えます
　　＜第3部＞　講演　今だからこそ大事なこと，創り合うこと
　　　　　　　　　障害者自立支援法に負けない　あきらめない
　　　　　　　　　　　講師　藤井克徳さん（日本障害者協議会常務理事）
　　＜第4部＞　私たちの権利宣言
　　　　　　　　　「私たちはこう生きたい・暮らしたい」をテーマに一言メッセージとアピール

◻ 今後のお知らせ ◻
・10／28（土）13：00～17：00　署名集約のオープンスペース（於；交流センター和室）
・10／30（月）市議会へ追加署名提出（予定）
・11／1（水）14：00～　市議会保健福祉委員会にて「請願」審査（傍聴しましょう）
・11／6（月）17：30～　請願行動推進委員会
・11／23（木）13：00～16：00　第5回学習フォーラム（於；埼玉トヨペット会議室）
・12／??（?）12月市議会本会議にて「請願」議決予定（傍聴しましょう）

★10／31（火）「出直してよ！障害者自立支援法、10．31大フォーラム」（於；日比谷公園周辺）の詳細は、以下のホームページをご覧ください。[http://www.normanet.ne.jp/~jadh/1031.html]

資料2

さいたま市議会 請願行動推進ニュース

NO.13　(2006.10.30)

発行人：さいたま市障害者協議会・
　　　　さいたま市障がい者施設連絡会

連絡先：さいたま市障害者施設連絡会事務局
〒338-0013 さいたま市中央区鈴谷8-8-40
TEL・FAX：048-852-3113

📖 11／1（水）の市議会保健福祉委員会は、「延期」となりました！

　傍聴を予定されていた方に、「延期」となったことを至急お知らせください。

　保健健福祉委員会の日程は、12月市議会の開会直前になるとのことです。約1ケ月伸びました。

　これは、私たちの提出した市議会議長あての請願署名や、市長あての要望書をふまえて、12月市議会にむけて、何らかの具体的な検討に入っていることを意味しているようです。「施策の早期実現」にむかって状況が一歩すすみはじめました。みんなで様々なとりくみをしてきたことの反映です。

　しかし、さいたま市独自施策の内容や水準、実施時期や方法などの具体的なことは、まだ何も明らかにはなっていません。みんながより良い施策を切望していることを伝えていくために、さらに署名をつみあげていきましょう。第5回学習フォーラム（11／23開催）の際に署名集約をおこない、11月下旬に市議会への追加提出をおこないます。

　　※10／28（土）現在　署名総数71,448筆、募金総額1,288,152円

📖 11／23（木）第5回学習フォーラム　今から予定を！

「私たちがつかんだ宝物　市内に広がる共感の輪・つながる力」

- □　日　時　20006年11月23日（木）13:30～16:30
- □　場　所　埼玉トヨペット（株）3階会議室（JR埼京線北与野駅改札出て右1分）
- □　参加費　100円（資料の必要な方のみ）　★要；事前申込み
- □　プログラム
  - ＜第1部＞　私たちの取り組み－請願署名活動の中間報告と今後の課題
    報告者　斎藤なを子（さいたま市障がい者施設連絡会事務局長）
  - ＜第2部＞　障害者自立支援法Q＆Aコーナー　あなたの不安・心配・疑問に答えます
  - ＜第3部＞　講演　今だからこそ大事なこと，創り合うこと
    障害者自立支援法に負けない　あきらめない
    講師　藤井克徳さん（日本障害者協議会常務理事）
  - ＜第4部＞　私たちの権利宣言
    「私たちはこう生きたい・暮らしたい」をテーマに一言メッセージとアピール

📖 今後のお知らせ 📖

- ・11／ 6（月）17:30～　請願行動推進委員会
- ・11／23（木）13:00～16:00　第5回学習フォーラム（於；埼玉トヨペット会議室）
  　★追加署名の集約を、フォーラム会場でおこないます
- ・11／下旬？？　12月市議会提出議案の公表　→→→　負担軽減策がもりこまれる？？？
- ・12／初旬？？　市議会保健福祉委員会にて「請願」審査予定
- ・12／上旬？？　12月市議会本会議にて「請願」議決予定

★10／31（火）「出直してよ！障害者自立支援法、10.31大フォーラム」（於；日比谷公園周辺）。
[http://www.normanet.ne.jp/~jadh/1031.html]　市内から600人以上参加！ぜひ皆さんも！

資料2

さいたま市議会請願行動推進ニュース

NO.14　（2006.12.8）

発行人：さいたま市障害者協議会・
　　　　さいたま市障がい者施設連絡会

連絡先：さいたま市障害者施設連絡会事務局
〒338-0013 さいたま市中央区鈴谷 8-8-40
TEL・FAX：048-852-3113

12月さいたま市議会に、市独自の負担軽減策が提案されます！

12／1（金）相川さいたま市長は、「障害者自立支援法に関するさいたま市激変緩和策」を以下のとおり発表しました。

◆　事業内容
（1）在宅サービス利用者の利用者負担助成　　7，000千円
　　在宅でホームヘルプ、ショートステイ、児童デイサービス、グループホーム、通所施設等を利用する市町村民税非課税世帯の障害者に対し、利用者負担の1／2を助成する。
（2）障害児施設利用者の利用者負担助成　　2，000千円
　　障害児施設（入所、通園）の利用について、子育て支援策による経済的支援の一環として、児童手当受給基準に準じた所得の保護者に対し、利用者負担の1／2を助成する。
（3）通所施設の運営安定化支援　　13，069千円
　　日額払いによる施設報酬の減額を緩和し、利用者へのサービス水準を確保するため、通所施設に対し、欠席日の1／2相当額を助成する。
（4）障害者施設新体系移行支援事業（県補助事業）　　1，000千円
◆　施　行　日　　平成19年1月1日（「施設新体系移行支援事業」は平成18年10月1日適用）
◆　実施期間　　法施行後3年を目途に法の見直しが予定されているため平成20年度までの措置

請願書をとりさげ陳情書を提出、12／7に記者会見をおこないました

　障害者協議会と施設連絡会がまとまって、この6月から市民の皆さんの理解と賛同を得るための署名活動など（最終署名総数 77,019 筆）をとりくんできたことにより、負担増により施設退所や利用抑制などの切実な実態への対応が一歩形となって進むこととなりました。みんなで力を合わせた運動の成果として喜び合いたいと思います。

　私たちのこの間の署名活動の目的は、市内で起きている障がいのある人たちの不利益を少しでも薄めていくことでした。77,019筆に込められた市民の皆さんのご支援により、障がいのある人たちの具体的な生活の向上として一歩実現が図られ、市民の皆さんの思いに応えることにつながりました。そこで両団体の役員等で協議し、紹介議員となっていただいた5人の方にもご理解いただき、最終的には請願書をとりさげ、陳情書をあらたに提出しました。

　今回の提案はあくまで期限付きの激変緩和策であり、またすべての人たちをカバーしてはいません。障害者自立支援法による影響は、これからも広範囲かつ多岐に及びます。私たちの真の願いは、すべての障がいのある人たちの地域生活の安心と安定が確保されることです。引き続き、障がいのある人たちの生活実態をふまえた市の対応が継続的に進められるよう、私たちの歩みもあらたな節目をむかえます。

　署名ご協力のお礼と私たちの現時点での考えをひろく市民の皆さんに伝えるために、12／7（木）にさいたま市役所内で記者会見をおこないました。（配布資料添付）

12／11～12の市議会一般質問を大勢で傍聴しましょう！

　5人の議員が自立支援法や障害者施策を質問予定です。両日とも10時～。詳しくは市議会HP参照。

資料2

[２００６年１２月７日記者会見配布資料]

障害者自立支援法に関するさいたま市激変緩和策について

　「『さいたま市っていいね』と言われたい！」を合言葉に，さいたま市障害者協議会とさいたま市障がい者施設連絡会は，さいたま市議会に障害者自立支援法による利用料負担の軽減施策を求める署名活動に取り組んできました．私たちの取り組みは，12月1日の「さいたま市独自の激変緩和策を実施し，障害福祉サービスの利用及び提供体制の安定化を図るため，12月議会に補正予算を提案します」という発表によって，新たな節目を迎えることになりました．

　6月からスタートした署名でしたが，暑い夏の炎天下での街頭署名の取り組みを初め，2つの会が力を合わせ，予想をはるかに上回る 77,019 筆の署名を集めることができました．障害のある人やその家族，施設関係者が互いを勇気づけながら，1つ1つの取り組みを真摯に行ってきたこと，その思いが多くの市民に伝わったことを実感した半年間でした．

　そして，私たちの思いや願いを受け止めて，ご理解とご協力をいただき，励ましの声をかけてくださった多くの市民の皆さんに心より感謝するところです．「さいたま市っていいね」と実感する出会いがたくさんありました．本当にありがとうございました．

　一方，障害福祉サービスの負担感は日を追うごとにずっしりと重くなってきておりました．本当に厳しい状況におかれた人たちが今回の施策で，ほっと一息つくことができることは，大きな成果だと感じています．

　しかし，私たちの取り組みは最初の一歩を記したに過ぎません．入所施設を利用せざるを得ない人たちの重い利用料負担，一般の世帯（負担軽減策の対象外）でもぎりぎりの生活をしている人たち，自立支援医療の負担増等々，まだまだ支援を必要としているさいたま市民がいることも事実です．また，あくまで経過措置であり，3年後にはどうなっていくのか，私たちの不安や心配は払拭されているわけではありません．

　さいたま市が 11 月 15 日に八都県市サミットで意見表明したように，「障害者の生活実態に合った，適切なサービス利用ができる仕組み」が再構築されていく必要があります．9月のさいたま市議会で，障害者自立支援法について活発に議論されたことも記憶に新しく，今後も議会で活発な議論が行われていくこと，さいたま市がリーダーシップをとって，障害者自立支援法の調査研究を行い，障害者の生活実態に合った施策が実現することを心から期待しています．

　こうした状況をふまえ私たちは，77,019 筆に込められた市民の皆さんのご支援の思いを，障がいのある人たちの具体的な生活の向上に活かしていくために，最終的には請願書をとりさげ，あらたに陳情書を提出したことをご報告申し上げます．

　私たちは歩みを止めることなく，多くの市民の理解と協力を得ながら，障害があっても暮らしやすいさいたま市の実現を目指して取り組んでいくつもりです．

　今後の応援を心よりお願いいたします．

2006 年 12 月 7 日

さいたま市障害者協議会　会長　望月　武
さいたま市障がい者施設連絡会　会長　宮野　茂樹

資料3

2006年8月23日

速報　障害者自立支援法施行による緊急実態調査報告

さいたま市障がい者施設連絡会
会長　宮野　茂樹

　さいたま市障がい者施設連絡会では，2006年8月2日付で緊急にさいたま市内の民間で運営する通所の支援費施設，社会復帰施設，小規模授産施設，計13施設に緊急実態調査をお願いし，10施設から回答を得た（**図1**）．その回答結果に基づき，障害のある人への影響，施設への影響を緊急にまとめたものである．

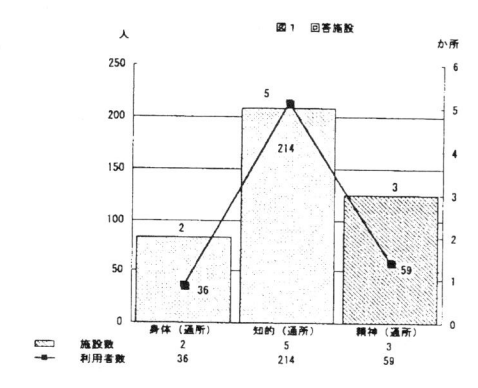

図1　回答施設

	身体（通所）	知的（通所）	精神（通所）
施設数	2	5	3
利用者数	36	214	59

Ⅰ．調査結果の概要

1．障害のある人たちの退所等の状況（図2）

　現在，利用料負担の影響等で退所した人は身体・知的の利用者250人中7人となっている．（精神障害者社会復帰施設は現在利用料徴収が行われていない）．これ以外に利用料の未払いの人が10人，通所日数を減らした人5人，退所を考えている人3人，数字に表れたものだけでも**25人の人が影響**を受けているという結果が出ている．

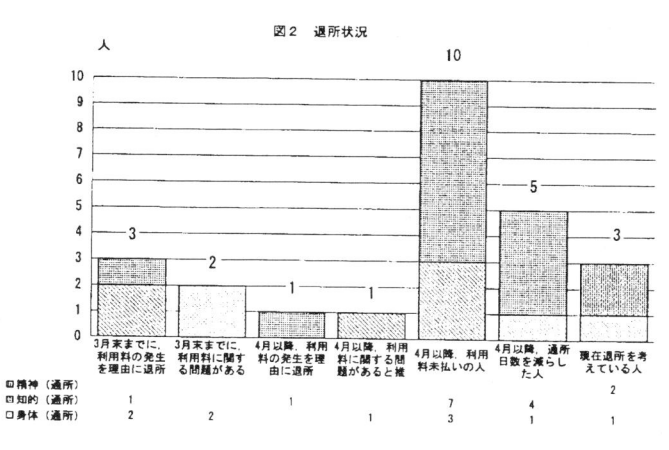

図2　退所状況

	3月末までに，利用料の発生を理由に退所	3月末までに，利用料に関する問題がある	4月以降，利用料の発生を理由に退所	4月以降，利用料に関する問題があると推	4月以降，利用料未払いの人	4月以降，通所日数を減らした人	現在退所を考えている人
精神（通所）							
知的（通所）	1	2	1	1	7	4	
身体（通所）	2				3		2

合計：3, 2, 1, 1, 10, 5, 3

2．利用料負担について

1）2006年3月と2006年4月の利用料負担の比較

　2006年3月までは，利用料負担*1のある人は，**277人***2のうち**6人**であった（**図3**）．2006年

資料3

4月1日障害者自立支援法の一部施行に伴い、支援費施設の利用料負担が始まり、**309人の内248人に利用料負担**が始まっている．身体・知的の支援費施設で利用料徴収がなかった人は2人のみである．（図4）

  ＊1 ここでいう利用料負担とは、施設利用の定率負担と実費負担分、その他である
  ＊2 回答のあった施設のうち、1施設は2006年4月開所．

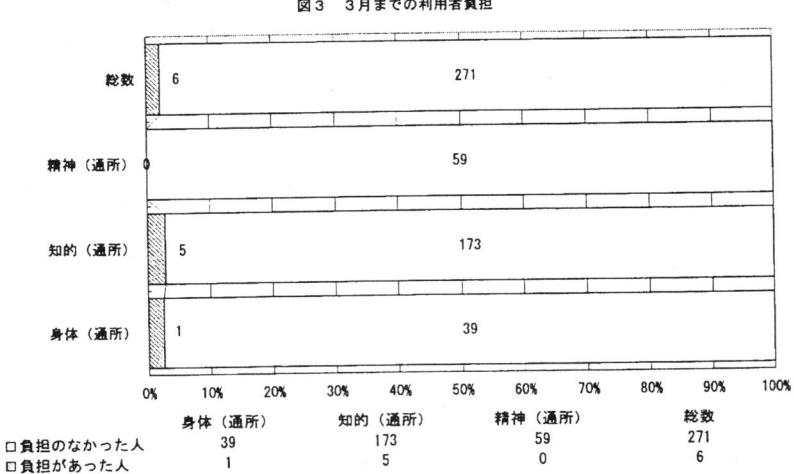

図3　3月までの利用者負担

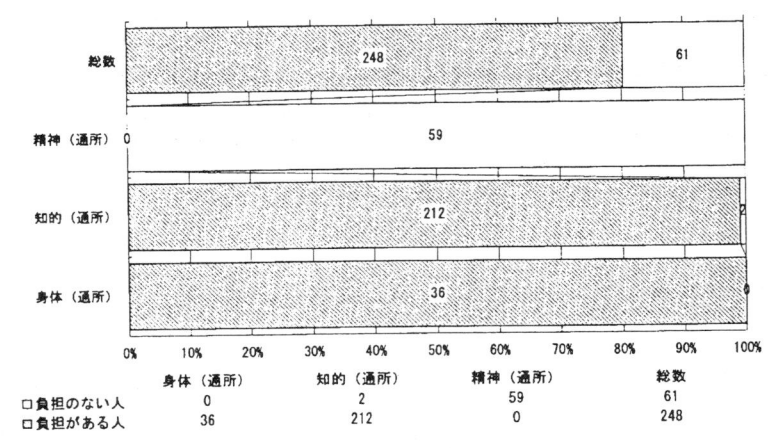

	身体（通所）	知的（通所）	精神（通所）	総数
負担のなかった人	39	173	59	271
負担があった人	1	5	0	6

図4　4月以降の利用者負担

	身体（通所）	知的（通所）	精神（通所）	総数
負担のない人	0	2	59	61
負担がある人	36	212	0	248

2）利用料負担の実際
① 利用者の所得階層の実際
 10施設309人の利用者のうち、所得区分は一般世帯（月額負担上限37,200円）に属する人が113人，次に**低所得1**（**月額負担上限15,000円**）92人，**低所得2**（**月額負担上限24,600円**）70人となっている．（図5）

図7 前年度比較（公費＋利用料＋食費）

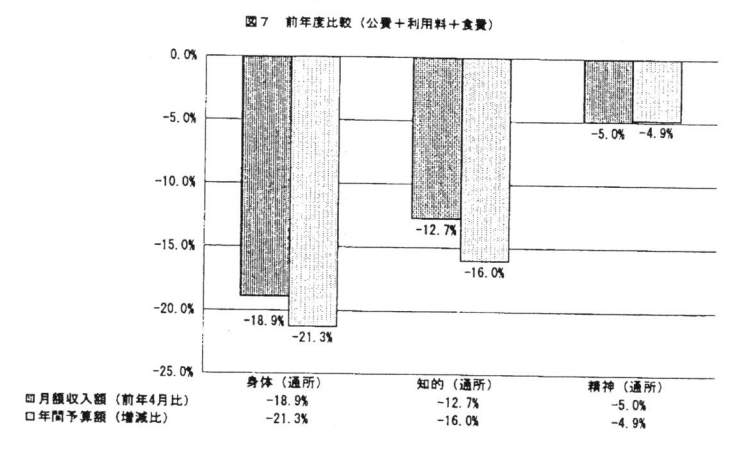

	身体（通所）	知的（通所）	精神（通所）
■月額収入額（前年4月比）	-18.9%	-12.7%	-5.0%
□年間予算額（増減比）	-21.3%	-16.0%	-4.9%

Ⅱ．考察

1．障害のある人やその家族にとって利用料負担は激変であり，生活への影響大

3月までほとんどの人に利用料負担がなかったが，4月以降ほとんどの人に負担が始まっている．負担額も大きく，退所者や利用料の滞納者も出ており，これからの生活への影響が危惧される．障害のある人自身への影響だけではなく，その家族への影響も大きいと考えられる．

2．負担上限額の設定が効果のない人が多い

厚生労働省によると安心・安全の仕組みといわれていた負担軽減の仕組みであるが，社会福祉法人減免を利用することによって，負担軽減が図られているが，それでも新たな食費の負担なども加えると，負担は大きい．

また，一般世帯の場合に負担上限額は37,200円であるが，通所施設の場合，施設の定率負担分で37,200円となることはありえず，さいたま市内では低所得2の世帯の人も24,600円の負担上限に達することもない．負担上限額が定められていても負担軽減されることはなく，効果がないことが明らかだ．

3．施設への影響も大きい

障害者施設への影響もはっきりと出ている．約2割の減収の影響を今年度は職員給与の減額で乗り切るとしている施設が多いが，こうした対策で継続した安定的な支援が続けていかれるのか，新事業体系に移行するとさらに報酬単価が切り下げになる場合が多く，障害のある人の日中の生活を支え，障害のある人の働く場を作り出してきた障害者施設の継続性が危ぶまれる事態が推測される．

Ⅲ．本調査から提言すること

1．障害者自立支援法の根幹をなす「応益負担」について，広範にわたって多大な影響がおこっており，障害者自立支援法を早急に見直し，改善をはかる必要がある．

2．障害のある人や家族に多大な影響を及ぼす利用料負担であるが，国の提示した負担軽減の仕組みでは不十分であり，自治体独自の負担軽減の仕組みづくりが必要である．

3．障害のある人を支援する障害者施設の現状を把握し，利用する人たちの安全・安心を担保できる施設運営が可能になるような独自の制度が求められる．

資料3

図5 所得区分（比率）

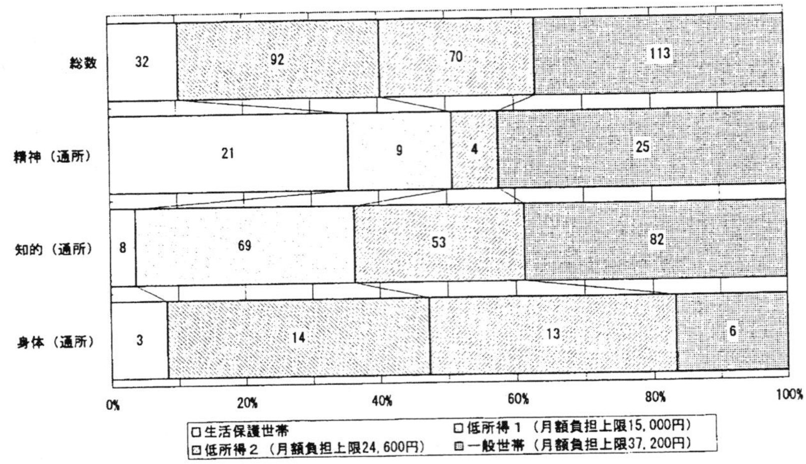

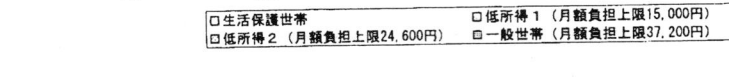

（棒グラフ：総数、精神（通所）、知的（通所）、身体（通所））

区分	生活保護世帯	低所得1（月額負担上限15,000円）	低所得2（月額負担上限24,600円）	一般世帯（月額負担上限37,200円）
総数	32	92	70	113
精神（通所）		21	9	4	25
知的（通所）	8	69	53	82
身体（通所）	3	14	13	6

② 利用者負担額の実際

利用料負担の始まっている支援費施設の利用者250人中10,000円以上15,000円未満の利用料を**支払っている人が107人，2万円以上支払っている人82人**という結果になっている．（図6）10,000円以上15,000円未満の利用料の人が多いのは，社会福祉法人減免（該当する施設7施設中6施設で実施）によるものであろう．**112人の人が社会福祉法人減免を利用している**．

図6 利用料負担額分布

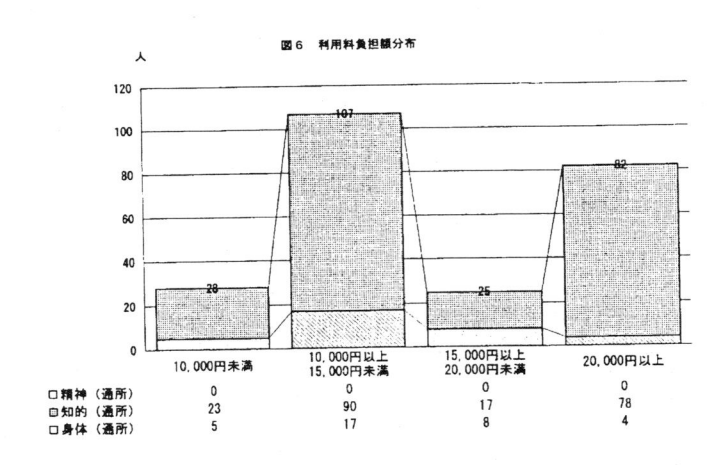

	10,000円未満	10,000円以上 15,000円未満	15,000円以上 20,000円未満	20,000円以上
精神（通所）	0	0	0	0
知的（通所）	23	90	17	78
身体（通所）	5	17	8	4

3．障害者自立支援法の施設への影響（図7）

それぞれの種別の施設＊3の収入＊4がすべてマイナスとなっている．身体の支援費施設では4月分の収入が18.8％のマイナス，年間予算で21.3％のマイナス，知的の支援費施設では4月の収入が12.7％のマイナス，年間予算で16.0％のマイナスと予想されている．

今回回答した10施設のうち，9施設で職員の給与の見直しがあり，職員給与が減額されている．

＊3 前年度との比較なので，4月開所の施設については省いた形で比較している．
＊4 施設の収入を比較するために，2006年4月の収入については，公費と利用者負担，食費分を合わせて施設の収入として，比較をしている．年間予算についても同様である．

資料4

2006年 10月 16 日

障害者自立支援法による福祉・医療・補装具などの
利用料に軽減措置を求める要望書

さいたま市長　相川　宗一　殿

　時下，ますますご清祥のこととお慶び申し上げます．日頃より障がい者福祉ならびに当会に対しまして，ご理解とご協力をいただき心より感謝申し上げます．
　さて，さいたま市障害者協議会，さいたま市障がい者施設連絡会は，障がいや施設の種別による課題の違いをこえて，障がいのある人たちの地域生活の向上と住みよい地域づくりを進めることを活動の大きな目標に掲げています．
　つきましては，障害者自立支援法全面施行に当たり，下記の要望事項について特段のご高配を賜りますようお願い申し上げます．

記

（要望事項）

障害者自立支援法による障害福祉サービス・障害者自立支援医療・補装具にかかる利用者負担について、さいたま市独自の負担軽減策を講じてください。

資料4

さいたま市障害者協議会

団体名	団体名
代表者名	代表者名
団体名	団体名
代表者名	代表者名
団体名	団体名
代表者名	代表者名

さいたま市障がい者施設連絡会

施設名	施設名
代表者名	代表者名
施設名	施設名
代表者名	代表者名
施設名	施設名
代表者名	代表者名

資料5

平成18年11月15日
さ　い　た　ま　市

障害者自立支援法に関する調査・研究について

　障害者自立支援法は、平成18年4月から施行（完全施行は10月）されました。

　この法律では、障害種別にかかわらずサービス利用の仕組みが一元化されたことをはじめ、福祉施設から一般就労への移行を進める事業に重点を置いたことなどの改革がなされた一方で、利用者負担について、これまでの応能負担から、利用したサービス量に応じて負担する仕組みとされました。

　利用者負担については、低所得者に対する様々な軽減策が講じられているものの、特に、これまでの支援費制度において、食費等を含めて利用者負担がゼロであった者の負担感は大きいものとなっており、障害者団体等はその見直しを強く要望しています。

　過日、厚生労働省は支援費制度であった時と比べて、全体のサービス量は増えており、利用者負担を理由として施設を退所した者は、極めて低い水準であることなどの調査結果を公表しました。しかし、本市が行った独自の調査では、法施行後のサービス利用はいずれも減少しており、その影響を受け、施設の収入も減収となっています。

　既に、八都県市の中でも独自の利用者負担の軽減策を講じている自治体もあり、本市でも実態調査の結果を踏まえて、激変緩和措置の検討を進めています。このように、法施行後まもない時期において、地方自治体に同法の課題への対応がせまられています。

　また、障害者の所得保障について、法律では就労支援を強化する方向性は示されましたが、現段階においてその具体的な施策は明らかにされていないなどの課題があります。

資料5

　そこで、八都県市で同法に基づくサービス利用等の現状並びに課題を共有するとともに、同法の施行後3年を目途に予定されている国の見直しに際し、八都県市として障害者の生活実態に即した効果的な仕組みや運用についての提案活動が実施できるよう、早期に共同で調査・研究を開始していくことを提案します。

《視点》

1　障害者の生活実態に合った、適切なサービス利用ができる仕組みの検討
　　利用者負担は介護保険制度を基本に設定されたが、高齢者と障害者の生活実態は異なるため、障害者の生活実態により即したものとすることが必要。

2　障害者の生活の安定のため、就労支援と所得確保の方策の検討
　　できるだけ多くの障害者が就労できるような具体的な方策や、具体的な所得確保の方策が明らかになるような検討が必要。

資料5

さいたま市の状況

1 サービス利用状況（6月までの状況）

　本年3月の利用実績に対する、4月以降の利用実績の増減の割合

居宅サービス		4月	5月	6月
居宅介護	利用時間	-10.0%	-6.8%	-4.3%
移動介護	利用時間	-17.0%	-18.1%	-15.9%
デイサービス	利用日数	-3.3%	-1.1%	10.1%
短期入所	利用日数	-22.7%	-23.0%	-5.1%
グループホーム	利用者数	-6.1%	-5.1%	-4.1%

2 市内施設の収入状況（6月までの状況）

　本年3月の施設収入に対する、4月～6月の3か月の月平均収入の割合

	0～10%減収	11～20%減収	21～30%減収	計	平均減収率
通所施設	4施設	8施設	2施設	14施設	12.6%減収
入所施設	7施設	―	―	7施設	4.4%減収

資料5

3 利用者アンケート結果（回答 293件）

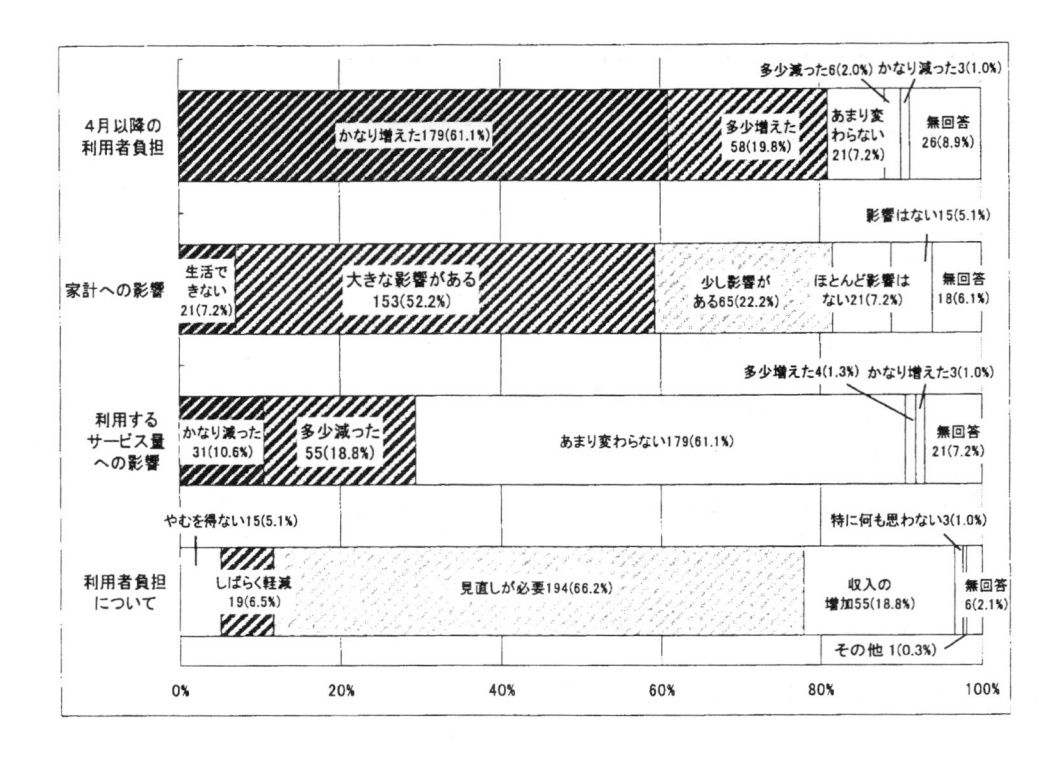

4月以降の利用者負担	かなり増えた179(61.1%)／多少増えた58(19.8%)／あまり変わらない21(7.2%)／多少減った6(2.0%)／かなり減った3(1.0%)／無回答26(8.9%)
家計への影響	生活できない21(7.2%)／大きな影響がある153(52.2%)／少し影響がある65(22.2%)／ほとんど影響はない21(7.2%)／影響はない15(5.1%)／無回答18(6.1%)
利用するサービス量への影響	かなり減った31(10.6%)／多少減った55(18.8%)／あまり変わらない179(61.1%)／多少増えた4(1.3%)／かなり増えた3(1.0%)／無回答21(7.2%)
利用者負担について	やむを得ない15(5.1%)／しばらく軽減19(6.5%)／見直しが必要194(66.2%)／収入の増加55(18.8%)／特に何も思わない3(1.0%)／その他1(0.3%)／無回答6(2.1%)

4 市内施設アンケート（回答 入所5施設、通所14施設）

（1）4月以降の利用者の状況について

	通所施設	入所施設
利用者数、利用日数共に減った	1施設	ー
利用者数、又は利用日数のどちらかが減った	11施設	1施設
あまり影響なし	2施設	4施設

（2）日額払いの影響への対応
・日々の利用者を増やすため、登録者の人数を増やした。
・土曜や祝日を開設日とした。
・職員給与や賞与を減額した。
・調理員などを非常勤や臨時的任用とした。

第5回障害者自立支援法学習フォーラム　アピール

　さいたま市障害者協議会とさいたま市障がい者施設連絡会が協力し，2005年12月19日に第1回障害者自立支援法学習フォーラムを開催し，そこから2つの会の共同の取り組みが始まりました．2005年10月1日に成立した障害者自立支援法がどんな内容なのか，私たちの生活にどんな影響があるのか，情報を共有しながら，互いに学び合うことを大切にしてきました．

　この4月障害者自立支援法が施行され，さいたま市内でも利用料負担により，施設を退所したり，必要なサービスを我慢する人など，法による影響が小さくないことを踏まえ，第3回のフォーラムでさいたま市議会へ障害者自立支援法による福祉・医療・補装具などの利用料に軽減措置を求める請願署名活動に取り組むことを決定しました．以来，炎天下の大宮駅や帰宅客でごった返す浦和駅での街頭署名活動で市民に理解を求め，関係者が1筆1筆の署名集めに奔走しました．私たちの活動はマスコミからも注目され，私たちの取り組みがさらに多くの市民の知るところとなりました．また私たちの取り組みで勇気づけられたとの声も各地の障害に関係する人たちから寄せられるようになりました．

　8月30日には57,377筆の署名を添えてさいたま市議会へ請願を提出し，9月市議会の代表質問には多くの関係者が傍聴に詰め掛けました．代表質問に立った7会派のうち6会派の議員が障害者自立支援法に関する質問を行い，障害者の問題が市議会の中で大きく取り上げられ，私たちの運動の手応えを感じました．その後私たちは，利用料軽減策の早期実現にむけて，市長宛の要望書提出など，さらなる取り組みを続けました．

　そうしたなか，11月15日に開催された首都圏の知事と政令市長による「8都県市首脳会議」では，さいたま市の相川市長が障害者自立支援法により障害者の負担が増え，サービス利用が減少したとの調査結果を示し，激変緩和措置の検討を進めていると発表しました．私たちの声が市長に届いていることを実感しながらも，障害のある人が暮らしやすい条件がさいたま市でどのように整っていくのか，これまで以上に注意深く見守る局面をむかえています．まもなく始まる12月市議会が大きな山場となるのでしょう．そして，一時的な対策ではなく，障害のある人の暮らしや労働，生きる権利が守られていくことこそが，私たちの真の願いです．

　この1年，2つの会が協力することによって多くの成果がありました．しかし，互いに手を携え，補い合い，声を掛け合うことで，障害のある人が暮らしやすいさいたま市を実現していくことは，まだ道半ばです．

　最後に，私たちが自ら行動し，声を上げることで切り拓いてきたこと，そして市内に大きく広がった協力の輪を私たちの宝としながら，さらに前進していくことを確認したいと思います．

2006年11月23日
第5回障害者自立支援法学習フォーラム参加者一同

おわりに

　本書は，さいたま市障害者協議会とさいたま市障がい者施設連絡会の共同の取り組み，多くの市民に支えられたさいたま市議会への請願署名活動の報告です．関わった一人ひとりの息遣いが少しでも伝わることを願っています．
　タイトルにもあるように私たちはこの取り組みから有形無形の宝物を手にすることになりました．障害者自立支援法という法律が持つ問題が大きかっただけに，その問題に直面した私たちの行動は切羽詰まったところから始まりました．1人ではできないこともあきらめないで，力をより合わせていくことの大切さを実感したのです．
　しかし，実際には障害のある人や家族，その関係者は，まだまだ解決の目途のつかない多くの困難を抱え，時間の経過とともに深刻さがじわじわと広がっています．障害者自立支援法の根本的な問題が解決したわけではないからです．
　一方で，障がい者施策をめぐる情勢も刻々と変化しつつあります．2007（平成19）年9月25日に誕生した福田総理大臣は，障害者自立支援法の抜本的な見直しをマニフェストに位置づけています．また，民主党は9月27日に参議院に障害者自立支援法改正法案を提出し，定率一割負担の廃止，障害者施設の報酬

支払方法を日割りから月割り制へといった内容を盛り込みました．この秋再び国会の場で障害者自立支援法の問題が審議されることになりそうです．市議会だけではなく，国会審議も注視しなくてはなりません．

さいたま市の取り組みは2006（平成18）年10月31日の障害者自立支援法の成立を機に動き出しました．障害者自立支援法の成立過程，その内容，法律が日々の暮らしに及ぼす影響を学び合い，問題の大きさを実感し，少しでも影響を小さくするために力を合わせてきました．

私たちが得たもう1つの宝物は，今回の取り組みを通じて，私たちがこの運動を障がいのある人や家族，関係者だけのものとしないで，つねにさいたま市民との対話を通じて問題の底辺の共有化と拡大化を図ってきたことだと思います．でなければ，私たちがいくら懸命になっても短期間のうちに77,000筆以上の署名が集まるわけがありません．1人で100筆以上の署名を集めた若い精神に障がいのある女性や，ファミレスのカウンターにまで署名用紙が置いてあったこと，自分が生まれ育ったさいたま市の街頭で公然と署名活動に参加した50代の精神に障がいのある男性など，多くの当事者が市民の中に分け入って活動した姿が浮かんできます．そうして得た市民の共感の輪がさいたま市議会を動かしたのだと思います．まさに「さいたま市っていいね」の実現の一歩を踏み出したのです．

私たちは，今まさに大きく動く情勢を皆で共有しながら，障害者自立支援法の改善に向けて，歩みを止めてはならないのだと思います．まだまだ障がいのある人や家族の生活の実態は，多くの市民に十分に理解されていません．障害者自立支援法を抜本的に見直すことは必須ですが，障害者自立支援法の改善だけでは，大きく立ち遅れている障がい者施策を前に進めることにはなりません

そして「さいたま市っていいね！と言われたい」を実現するには，まだまだたくさんの課題が残されています．最初の一歩を踏み出した私たちが，次なる一歩をどのように記していくのか，これからが正念場です．私たちが手にした目に見えない多くの財産を糧に，地道な学習を重ねながら，たゆまなく実践を続け，そして力強く運動を進めていきたいと思います．

本書によって，私たちのこれから長く続く取り組みの一里塚をお互いに確かめ合う機会になることを期待しています．そして，本書が全国各地の仲間たちに力強いエールを送ることになったら，これ以上の喜びはありません．

2007年10月5日

さいたま市請願署名行動推進委員会一同

私たちがつかんだ宝物

「さいたま市っていいね」って言われたい

2007年11月1日　発行

編　者　さいたま市障害者協議会　さいたま市障がい者施設連絡会
　　　　さいたま市請願署名行動推進委員会
発行所　やどかり出版　代表　増田　一世
　　　　〒337-0026　さいたま市見沼区染谷1177-4
　　　　Tel　048-680-1891　Fax　048-680-1894
　　　　E-Mail book@yadokarinosato.org
　　　　http://www.yadokarinosato.org/book/
印　刷　やどかり印刷

ISBN-978-4-946498-97-8